RACONTE-MOI
MONTRÉAL

La collection Raconte-moi *est une idée originale de Louise Gaudreault et de Réjean Tremblay.*

Éditrice-conseil : Louise Gaudreault
Mentor : Réjean Tremblay
Coordination éditoriale : Pascale Mongeon
Direction artistique : Roxane Vaillant
Illustrations : Josée Tellier
Design graphique : Christine Hébert
Infographie : Johanne Lemay
Révison : Brigitte Lépine
Correction : Odile Dallaserra et Joëlle Bouchard
Révision historique : Claudie Vanasse

DISTRIBUTEUR EXCLUSIF :

Pour le Canada et les États-Unis :
MESSAGERIES ADP inc.*
2315, rue de la Province
Longueuil, Québec J4G 1G4
Téléphone : 450-640-1237
Télécopieur : 450-674-6237
Internet : www.messageries-adp.com
* filiale du Groupe Sogides inc.,
filiale de Québecor Média inc.

Catalogage avant publication de
Bibliothèque et Archives nationales du
Québec et Bibliothèque et Archives Canada
Perreault, François, 1950-
Montréal
(Raconte-moi)
Pour les jeunes.
ISBN 978-2-89754-068-5
1. Montréal (Québec) - Histoire -
Ouvrages pour la jeunesse. I. Titre.
II. Collection : Raconte-moi.
FC2947.33.P47 2017 j971.4'28
C2016-942535-5

02-17
Imprimé au Canada

Dépôt légal : 2017
Bibliothèque et Archives nationales
du Québec

ISBN 978-2-89754-068-5

Gouvernement du Québec – Programme de crédit d'impôt pour l'édition de livres – Gestion SODEC – www.sodec.gouv.qc.ca

L'Éditeur bénéficie du soutien de la Société de développement des entreprises culturelles du Québec pour son programme d'édition.

Conseil des Arts du Canada | Canada Council for the Arts

Nous remercions le Conseil des Arts du Canada de l'aide accordée à notre programme de publication.

Financé par le gouvernement du Canada | Funded by the Government of Canada | Canada

Nous reconnaissons l'aide financière du gouvernement du Canada par l'entremise du Fonds du livre du Canada pour nos activités d'édition.

DANS LA MÊME COLLECTION

Suivez-nous sur le Web

Consultez nos sites Internet et inscrivez-vous à l'infolettre pour rester informé en tout temps de nos publications et de nos concours en ligne. Et croisez aussi vos auteurs préférés et notre équipe sur nos blogues !

EDITIONS-PETITHOMME.COM
EDITIONS-HOMME.COM
EDITIONS-JOUR.COM
EDITIONS-LAGRIFFE.COM

RECYCLÉ
Papier fait à partir de matériaux recyclés
FSC® C103567
www.fsc.org

Imprimé chez Marquis Imprimeur inc.
sur du Rolland Enviro, contenant 100%
de fibres postconsommation, fabriqué à partir d'énergie biogaz
et certifié FSC®, ÉCOLOGO, Procédé sans chlore et
Garant des forêts intactes.

PERMANENT 100% BIOGAZ ÉNERGIE Garant des forêts intactes[MC]

François Perreault

RACONTE-MOI MONTRÉAL

petit homme
Une société de Québecor Média

PRÉAMBULE

UN ADO DANS LA VILLE

Simon vient d'avoir 14 ans, et comme tous les adolescents, il vit un peu dans sa bulle, dans un monde bien à lui où il s'évade souvent. Ce monde est composé d'abord de ce qui l'entoure : ses amis, son collège, son quartier du centre-ville avec ses repères, les endroits qu'il préfère. Il y a aussi les jeux vidéo en ligne, où il se mesure à des joueurs qu'il ne connaît pas toujours.

Simon a développé une véritable passion pour le fantastique. Ses héros sont nombreux : Harry, Amos, Thor, le Hobbit et Darth Vader se sont succédé en popularité, mais un seul suscite depuis toujours son intérêt et occupe souvent ses pensées. C'est le docteur Spock, un Vulcain aux oreilles pointues qui, à bord du vaisseau spatial *Entreprise,* détient toute la science et la capacité de se téléporter dans l'espace et le temps. Ne serait-ce pas extraordinaire, pense Simon, de pouvoir ainsi se transporter dans l'action au moment d'événements qui ont vraiment eu lieu, aux côtés de personnages qui ont marqué l'histoire?

Depuis quelque temps, à la radio et à la télé, on parle du 375e anniversaire de Montréal. Les sujets foisonnent : les fêtes qui se préparent, les travaux qui s'accélèrent dans les rues et les parcs, des activités et des commémorations de toutes sortes. Tout cela pique la curiosité de Simon, d'autant plus qu'il aime partir seul en excursion dans sa ville.

Mais il faut bien reconnaître qu'il faudrait une imagination débordante et beaucoup plus qu'une seule vie pour revivre tout ce qui a fait de Montréal ce qu'elle est aujourd'hui. Il faudrait une machine à voyager dans le temps pour que Simon se promène entre le présent, le passé et, qui sait... le futur !

C'est en métro, à vélo ou à pied que Simon parcourt sa ville et par son imagination qu'il traverse le temps, au cœur d'événements importants. Alors, suivons-le à la découverte d'un Montréal parfois bien différent de celui qu'on connaît aujourd'hui !

1

UNE BOURGADE AU BORD DU FLEUVE

Printemps de 1611. Depuis plusieurs jours le froid, la pluie, les courants de marée et les vents rendent la navigation difficile sur la rivière de Canada, qui sera plus tard nommée fleuve Saint-Laurent. Partie de Québec, l'expédition a pour but de chercher sur l'île du mont Royal un site propice pour établir une colonie.

Nommé par le roi Henri IV en tant que navigateur, explorateur et cartographe, Samuel de Champlain en est déjà à son cinquième voyage en Nouvelle-France. Cette fois-ci, l'équipée comprend une vingtaine d'hommes habitués aux voyages difficiles, mais aussi un jeune mousse prénommé Simon. Il en est à sa première expédition en terre d'Amérique.

— Voilà bien ta chance, mon gars, lui lance le quartier-maître. Le lieutenant Champlain est un bon chef. Il connaît la région mieux que nous tous et a déjà combattu les Iroquois aux côtés des Montagnais (Innus) et des Algonquins. Remplis bien tes tâches, suis les ordres et rien ne t'arrivera.

— Jusqu'où allons-nous ?

— Sans doute jusqu'à l'embouchure de la rivière aux Iroquois. Là, il nous faudra prendre nos barques et nos chaloupes pour remonter jusqu'aux rapides du grand sault Saint-Louis.

Malgré les conditions difficiles, Simon ne redoute ni la faim ni le scorbut. À plusieurs étapes sur la rive, les Autochtones, qu'on appelle à cette époque les « Sauvages », viendront en aide aux Français. Ils leur fourniront des vivres et leur serviront de guides là où les eaux se font imprévisibles.

Il faudra trois semaines pour atteindre l'île, qu'on appelait Hochelaga lorsque Jacques Cartier y mit le pied en 1535. Cette fois, 76 ans plus tard, Samuel de Champlain choisit une pointe de terre que l'on nommera plus tard « à Callière ».

Champlain ordonne le défrichage de ce site qu'il juge stratégique. Étant donné l'abondante végétation, la tâche est difficile pour une poignée d'hommes et un seul mousse.

Le projet consiste à ériger une muraille de dix toises (vingt mètres) de long sur quatre de haut. Lors d'un retour l'été suivant, l'équipage pourra savoir si la structure a résisté aux rigueurs de l'hiver et aux fortes crues printanières.

Champlain a jusqu'ici prêté peu d'attention à Simon. Pourtant, dans les premiers jours de juin, il s'adresse soudain à lui directement.

— Garçon, nous aurons bientôt des visiteurs. Je veux donc que tu t'assures de l'état de notre campement. Ils tiendront à établir le leur, mais nous fêterons et mangerons ensemble.

— Puis-je savoir de qui il s'agit, monseigneur?

— Eh bien, il y aura des Algonquins, des Montagnais (Innus) et peut-être aussi des Hurons venus du nord. Certains pratiquant le commerce des fourrures descendront également de la région des Grands Lacs.

Le 13 juin apparaissent les premiers visiteurs sur le site. Parmi eux, Tessouat, grand chef algonquin de l'île aux Allumettes. Depuis que dure la longue guerre contre les Cinq-Nations iroquoises, Champlain se montre toujours fidèle à l'alliance intervenue quelques années plus tôt avec les Algonquins, les Innus-Montagnais, les Hurons et les Etchemins. Il n'hésite jamais, lorsqu'il le faut, à prendre part aux combats en faveur de ses alliés.

Simon est impressionné par ces visiteurs, par leur teint hâlé et la beauté de leurs traits, mais aussi par leurs vêtements de peaux. Ceux-ci sont parés de symboles et d'ornements faits de griffes, de dents et de plumes. Ces « Indiens » semblent puissants, et leurs armes paraissent redoutables, faites pour le combat corps à corps.

Conscient du respect que lui témoignent ses visiteurs, Champlain se prête au rituel du calumet de paix et partage avec eux le récit de ses récentes aventures. Quelques jours plus tard, il décide d'une courte expédition d'observation et demande à certains de l'accompagner. Le voilà donc avec eux à bord d'un grand canot remontant les rapides du grand sault Saint-Louis.

Un seul Blanc avait avant lui accompli cet exploit. C'est Étienne Brûlé, coureur des bois faisant la traite des fourrures avec les Autochtones. Arrivé en Nouvelle-France en 1608, il est ensuite parti vivre parmi les Algonquins, puis les Hurons, afin d'y apprendre langues et coutumes. Il tente toujours de faire fortune grâce au commerce des peaux d'ours et de castor.

De retour sur l'île du mont Royal, Champlain est impatient d'accueillir Étienne Brûlé. Ce jeune homme vêtu à la sauvage pourrait lui servir d'interprète lors de futures expéditions. De plus, il possède un tempérament indépendant et courageux. On le dit capable de parcourir jusqu'à

70 lieues (plus de 200 kilomètres) par jour, en dépit des obstacles. Simon et tous les autres Français sont bien évidemment émus de voir l'un des leurs ainsi vêtu et vivant librement, à l'amérindienne.

Pour Champlain, qui souhaite établir un poste de traite sur l'île du mont Royal, Brûlé est un allié essentiel pour développer le commerce des fourrures. Pour réaliser son projet, Champlain esquisse des dessins et des cartes pour convaincre le roi de France.

Dix-huit ans plus tard, en 1629, le cardinal de Richelieu lui donnera les commandes de la Compagnie des Cent-Associés, qui détient entre autres le monopole du commerce des fourrures. La Compagnie devra, en contrepartie, installer à ses frais 4000 colons et assurer la défense du territoire. Elle devra aussi travailler à convertir les Autochtones à la religion catholique.

Au moment où la Compagnie des Cent-Associés est créée, en 1627, Simon a presque 29 ans. Il n'est plus mousse depuis longtemps et a participé toutes ces années aux nombreuses expéditions guerrières de Champlain contre les Iroquois. Il entend bien saisir cette occasion, car il est fatigué de cette vie de nomade pleine de dangers, de campements et de portages interminables. Il souhaite maintenant s'établir, trouver une femme et cultiver la terre.

— Monseigneur, pour toutes mes années de services, m'accorderiez-vous la propriété de terres cultivables, comme ce fut fait pour le sieur Louis Hébert ? Son gendre Guillaume Couillard a même reçu de la Compagnie des Cent-Associés un bœuf et une charrue.

— C'est accordé, mon sieur ! Mais si je vous cède des terres à cultiver, il vous faudra un logis, une maison où tenir famille. Que ferez-vous ?

— Si mes terres sont à proximité de Québec, je m'installerai dans le fort ou dans les habitations des Récollets ou des Jésuites. Je trouverai.

Par nostalgie ou par esprit d'aventure, le cœur de Simon aurait penché pour l'île du mont Royal, mais il n'y a encore aucun bâtiment protégé à cet endroit. Or, les Iroquois y sont toujours nombreux et menaçants.

En fait, il faudra encore 13 ans avant qu'une quarantaine de colons, menés par Paul de Chomedey de Maisonneuve, établissent un avant-poste exactement à l'endroit connu aujourd'hui sous le nom de Pointe-à-Callière. Il est accompagné de Jeanne Mance, qui fondera le premier hôpital de Montréal.

Les Montréalistes, c'est le nom qu'on leur donne, y construisent aussitôt des cabanes entourées d'une palissade. Ils nomment le site Ville-Marie, en l'honneur de la Vierge Marie.

Quant aux Iroquois, ils vont par leurs attaques semer la terreur pendant près de 60 ans. Ce n'est qu'en 1701, au mois d'août, que prendront fin les hostilités avec la signature d'un traité entre leurs nations et les Français.

À cette occasion, 1300 Autochtones appartenant à 39 nations du Nord-Est américain se rendent dans la petite ville, qui ne compte alors que 1200 habitants. Le 4 août, le gouverneur général de la Nouvelle-France, Louis-Hector de Callière, parvient à leur faire signer un traité de paix qui durera. On appelle ce traité la Grande Paix de Montréal.

Au moment où cet important accord est signé, Simon est décédé depuis longtemps à Québec. Il n'aura jamais réalisé son rêve de s'établir un jour à Ville-Marie.

2

LA PRISE DE MONTRÉAL

Depuis 1754, le climat est de plus en plus inquiétant pour tous les habitants de Montréal, y compris Simon et sa famille. Les colonies britanniques de la côte Est souhaitent étendre leur territoire, là où vivent les colons français. Le parlement de Londres décide d'envoyer des troupes attaquer la Nouvelle-France. C'est le début de la guerre de la Conquête.

Simon est fils d'un marchand de Montréal. La ville éprouve depuis quelque temps des difficultés à s'approvisionner en produits, textiles et denrées provenant de la France. Au cours des 40 jours de leurs traversées, les convois sont souvent interceptés par la Royal Navy britannique. Les commerçants s'inquiètent pour l'avenir et comptent sur les militaires et les miliciens pour les protéger.

Fort heureusement, les Français sont alliés avec presque toutes les nations autochtones. C'est une force importante, d'autant plus que ces guerriers, comme les miliciens, sont passés maîtres des attaques surprises et du camouflage dans les bois. Les Britanniques, quant à eux, ne sont pas préparés à ce type d'assaut.

Ainsi, depuis plusieurs années, être *canadien* ne signifie pas seulement vivre dans la colonie, mais aussi y cohabiter avec les Autochtones. Dans les territoires autour de Montréal, on trouve essentiellement des Iroquois chrétiens, établis à Kahnawake, Kanesatake et Akwesasne.

Un jour, à la fin de l'été 1759, alors qu'il déambule au marché de la place D'Youville, Simon perçoit les voix agitées d'un attroupement de citoyens. Un courrier du roi lui raconte qu'au mois d'août, des milliers de soldats britanniques ont remonté la rive sud du fleuve en direction de Québec :

— Lorsqu'ils firent halte à Kamouraska, leur chef, le général James Wolfe, leur ordonna de ne plus rien laisser sur leur passage. Dès lors, ils vont brûler des milliers de fermes et détruire des

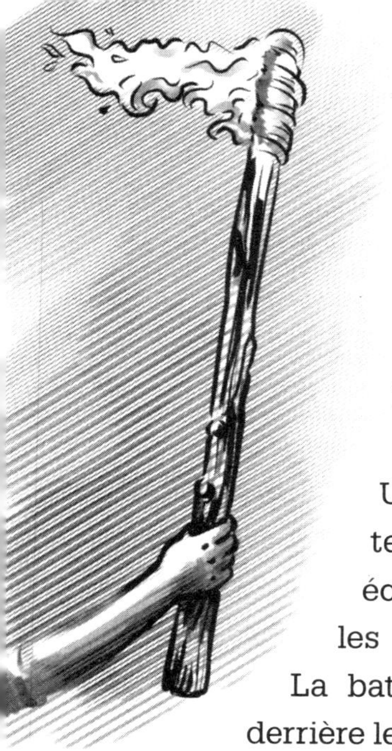

centaines de maisons et de bâtiments. Leur carnage va s'étendre ainsi jusqu'à Lévis, des dizaines de lieues plus loin !

Un mois plus tard, le 13 septembre, les troupes anglaises écrasent les forces françaises sur les plaines d'Abraham, à Québec. La bataille va se poursuivre jusque derrière les remparts, et les deux chefs de guerre, le marquis de Montcalm et le général Wolfe, y trouveront la mort.

La terrible nouvelle parvient vite aux Montréalais, qui se mobilisent dans la peur de l'ennemi. Un rude hiver ajoute à l'anxiété de la population.

Si Simon est trop jeune pour s'enrôler dans la milice, son frère aîné, qui a 16 ans, va rejoindre les effectifs commandés par Gaston-François de Lévis. Il participe à la victoire de Sainte-Foy. En mai, les Français assiègent Québec dans l'espoir de reprendre la ville, mais pour peu de temps. Les Français manquent vite de munitions et de vivres, et les renforts attendus n'arrivent pas. Cette fois, c'est vraiment la fin. La ville reste aux mains des troupes britanniques.

Montréal, dernier bastion français en Amérique, est maintenant dans la mire des Anglais. Depuis le début de l'été, deux armées britanniques sont en route de Québec et du lac Ontario, alors qu'une troisième remonte la rivière Richelieu. Près de 20000 hommes se déplacent afin d'assiéger les quelque 4000 miliciens et militaires retranchés dans la ville.

Comme si ce n'était pas assez, quelques jours avant le siège de Montréal, 800 guerriers de 7 nations autochtones vont à la rencontre du général Jeffrey Amherst. Alors qu'ils étaient jusque-là alliés des Français, voilà qu'ils signent avec les Britanniques un traité de neutralité et d'amitié.

Le général Murray, cantonné à Longueuil, parvient lui aussi à une entente avec les Hurons de Lorette. En échange de leur allégeance, ils conserveront les terres qu'ils occupent sans être dérangés. Ils pourront aussi pratiquer leur religion, leurs coutumes ainsi que leur commerce avec les garnisons anglaises.

Devant le nombre de tuniques rouges aux portes de la ville, le gouverneur général de la Nouvelle-France, Pierre de Rigaud de Vaudreuil, veut éviter le pire. Il faut empêcher des pertes de vie inutiles et la destruction de Montréal, qui n'est pas fortifiée.

Vaudreuil convoque donc un conseil de guerre. Sans surprise, les officiers supérieurs lui recommandent de négocier avec le major général Amherst. Il faut proposer aux Anglais des conditions qui vont permettre aux assiégés de se rendre sans perdre ni leur liberté ni tous leurs droits de citoyens.

La population est inquiète. Apercevant un groupe de bourgeois et de notables qui prennent la direction de l'île Sainte-Hélène, Simon s'empresse de les suivre. Ils vont tous assister à une bien triste cérémonie. C'est là que sont brûlés ou détruits les drapeaux et les insignes de régiment afin qu'ils ne tombent pas aux mains de l'ennemi. Tous ont le cœur serré, la larme à l'œil. Simon se dit que son monde est sur le point de basculer.

Aux petites heures du matin, le 8 septembre 1760, le commandant Lévis et ses 2800 soldats déposent leurs armes devant les vainqueurs. Les habitants seront épargnés, et ceux qui prêteront allégeance au roi Georges III d'Angleterre pourront rester.

Comme tous les autres marchands, Simon et sa famille pourront poursuivre leur commerce. Toutefois, les prix qu'ils demandent pour leurs produits ne se comptent plus désormais en deniers, en écus ou en Louis d'or, mais en *pounds*, en *pence* et en *shillings*.

En remettant la ville aux Anglais, Vaudreuil a eu la présence d'esprit d'exiger que toutes les archives de l'administration française soient conservées et protégées. Ce geste permettra aux générations futures de connaître ce qu'étaient la vie et la société sous le régime français au Canada.

3

LENDEMAIN DE CONQUÊTE

Après la Conquête, la vie des Montréalais s'assombrit. Les nouvelles autorités ont interdit tout commerce dans les Pays d'en haut, ce qui nuit aux artisans et aux marchands locaux. Ils ne peuvent plus vendre leurs produits au nord de la rivière des Mille-Îles et ils n'ont plus accès aux fourrures de cette région.

Toutefois, dès 1762, de plus en plus de commerçants anglais débarquent à Montréal pour grossir leurs affaires. Comme dans ses autres colonies, l'Empire britannique voit au Canada l'opportunité d'exporter toutes sortes de produits d'Angleterre. Londres en profite aussi pour se procurer encore davantage des matières convoitées partout en Europe, à commencer par des peaux de castor, d'ours, de loup et de renard. Montréal est alors la capitale de la traite des fourrures.

En 1772, Simon est employé du port. Trop jeune pour travailler sur les docks, on lui a confié la responsabilité d'approuver les transbordements de cargaisons et de vérifier les contrats de transport maritime. Il doit s'assurer qu'aussitôt sur les quais, les marchandises sont acheminées vers les magasins auxquels elles sont destinées. Même chose pour les précieuses fourrures : elles doivent être chargées à bord des bateaux en partance pour les destinations indiquées.

Simon aime l'agitation des équipages occupés autour de leurs navires. À la fin du jour, il reste parfois à observer les nombreux vaisseaux avec leurs mâts qui montent en flèche, comme des clochers d'église. La nuit venue, ils semblent saluer Montréal de tous leurs feux.

Un jour, du haut de sa passerelle, un matelot anglais s'adresse à lui en ricanant :

— *Hey boy*... toi, là-bas... Tu me parais bien jeune pour savoir ce que tu fais.

— Ne craignez rien, contremaître… je sais lire les documents. Même ceux écrits à Liverpool !

— Mais sais-tu compter aussi ?

— Autant que vous déchargerez et chargerez de caisses et de ballots.

Simon a visé juste, car 40 % du commerce mondial transite par Liverpool, en Angleterre. De son côté de l'Atlantique, il constate que l'achalandage au port ne cesse d'augmenter. Des vaisseaux de toutes tailles passent par Montréal avant de poursuivre leur route vers des îles lointaines comme Antigua, la Dominique et la Grenade.

Au fil des ans, Montréal devient ainsi la porte d'entrée de tonnes de marchandises destinées à des régions aussi éloignées que les Grands Lacs.

Deux fois par semaine, Simon aide son oncle Louis à installer ses étals de légumes au marché de la place Royale. Il vend également des denrées de base comme de la farine et des fromages, mais aussi des produits provenant des Antilles comme le sucre fin, la mélasse et le rhum.

Les Montréalais se rendent nombreux à la place Royale. On trouve de tout dans ce grand marché : de la viande et des poissons fumés, des outils, des cadres et des miroirs, des vêtements, des tapisseries, des écritoires, des plumes et du tabac.

Un jour, l'oncle Louis présente à son neveu un voyageur. L'homme vient de la colonie du Massachusetts et se prénomme William. Il a rejoint un mouvement de marchands révoltés de la côte Est. Ceux-ci jugent inacceptable que Londres impose des taxes sur certains produits britanniques (dont le sucre, la mélasse et le café). Et surtout qu'ils n'aient pas été consultés.

William est venu en secret observer comment les Anglais commercent à Montréal. S'étant pris d'amitié pour lui, Simon l'emmène visiter *son* port afin qu'il puisse, une fois de retour chez lui, décrire tout ce qui s'y passe.

Vue Orientale de MONTRÉAL, en Canada

— Simon, il est clair que les Britanniques sont ici chez eux. Ils agissent en maîtres des lieux. Les taxes de commerce que les marchands doivent payer retournent au roi. Il se rembourse ainsi les lourdes dépenses de sa guerre contre les Français.

— C'est vrai, et ils ont pris le contrôle du commerce de nos fourrures. Ils exportent des tonnes de peaux de castor, de renard et d'ours, des ballots de duvets et de plumes qu'ils revendent à fort prix partout dans le monde.

— C'est inacceptable ! Les Colonies préféreront se révolter. Tu vois, je crains que nous devenions un jour des adversaires, vous les Montréalais et nous les Bostoniens et les New-Yorkais.

Au moment où William repart vers les Colonies, une crise est sur le point d'éclater. Une décision venant de Londres va faire sauter la marmite. Le gouvernement britannique accorde un privilège à la Compagnie anglaise des Indes orientales. Celle-ci peut désormais vendre son thé sans imposer de taxes. Les marchands indépendants ne peuvent plus faire concurrence à la grande compagnie britannique. La réaction des commerçants ne se fait pas attendre.

Le 16 décembre 1773, des colons déguisés en Amérindiens envahissent les quais de Boston et jettent 300 caisses de thé à la mer. Le port est aussitôt fermé par les autorités militaires. Les navires et leurs cargaisons sont dirigés vers d'autres ports. Pendant des mois, les débardeurs de Montréal devront décharger encore plus de marchandises que d'habitude.

Peu de temps après, la guerre d'Indépendance éclate sur la côte Est. Les Treize colonies souhaitent se détacher de l'Empire britannique. Plus de 40 000 fidèles à l'Angleterre, les Loyalistes, viennent se réfugier plus au nord. Des familles de Loyalistes reçoivent des terres pour s'y établir, du lac Saint-François jusqu'au lac Ontario. On leur donne aussi des outils d'agriculture, des vêtements et des vivres.

Plusieurs autres Loyalistes préféreront s'établir sur l'île de Montréal. Ils formeront une première vague d'immigrants à laquelle s'ajouteront plus tard des Irlandais et des Écossais qui viendront par milliers commencer une nouvelle vie. C'est ainsi que se forment les premiers traits du visage anglais de Montréal.

4

UNE VILLE DÉSUNIE DANS UN CANADA UNI

Soixante-dix ans après la prise de Montréal, les Montréalais sont inquiets. Tous ressentent encore les effets de la domination britannique. Dans le Bas-Canada (le Québec), les Canadiens français forment la très grande majorité de la population. Pourtant, les Anglais, qui y sont minoritaires, agissent comme leurs compatriotes du Haut-Canada (l'Ontario), là où il n'y a pour ainsi dire aucun francophone. Ils se considèrent comme des membres de la classe sociale dominante et s'enrichissent plus vite par leurs activités de commerce et d'affaires.

En 1822, des Britanniques de Montréal, pour la plupart des marchands menés par James Stuart, rédigent pour Londres un projet de fusion des deux Canada. Ils espèrent ainsi réduire l'influence et briser la résistance des Canadiens français.

Au début, les Patriotes, qui forment un mouvement de Canadiens français s'opposant à la fusion avec le Haut-Canada, sont modérés dans leurs actions. Leur chef, Louis-Joseph Papineau, va à Londres présenter une pétition de 60 000 noms de personnes contestant cette fusion. Mais le parlement anglais n'en tient pas compte.

Plus tard, en 1837, des Patriotes décident de prendre les armes. Ils affrontent les troupes britanniques. Leurs villages sont saccagés et brûlés. Défaits, ils doivent s'enfuir aux États-Unis. Ils reviennent l'année suivante appuyés de volontaires américains. Ce nouvel affrontement fera 325 morts, et 100 Patriotes seront capturés. Papineau fuit de nouveau aux États-Unis.

Désormais, le gouvernement de Londres est décidé à créer un seul Canada. En 1841, on installe le nouveau parlement du Canada-Uni à Montréal, sur le site du marché Sainte-Anne, à la place D'Youville.

Simon est un jeune camelot. Chaque jour, il vend dans les rues le journal *La Minerve*. Sur les trottoirs, il aime annoncer d'une voix forte les nouvelles et les grands titres. Il sourit toujours aux passants empressés de lui acheter un exemplaire. Il se montre aussi très intéressé d'entendre sur le vif leurs commentaires et leurs échanges parfois animés.

Lorsqu'il le peut, Simon se rend à des rassemblements et des manifestations de toutes sortes. Ainsi, un samedi après-midi, il se retrouve place D'Youville, à proximité du parlement. Des orateurs expriment leurs opinions opposées devant une foule de curieux. Simon se faufile devant afin de mieux entendre. Debout sur un banc qui lui sert de tribune, un homme s'agite et défie son auditoire, qui lui répond en désordre. Simon se prend au jeu.

— Les immigrants britanniques sont trop nombreux, proclame l'orateur. Les droits de douane à payer pour vendre nos produits aux États-Unis prennent tous nos profits. Si nous ne faisons rien, nous n'aurons bientôt plus de travail, nos commerces vont fermer, plus rien ici n'aura de valeur !

— Et ce nouveau parlement... il n'existe que pour nous assimiler, affaiblir notre langue et notre culture, rétorque Simon.

— Alors, mon jeune ami, deux solutions s'offrent à nous : ou bien le Canada fait désormais partie des États-Unis, ou bien tous nos territoires et colonies se joignent à nous afin que nous nous déclarions ensuite indépendants de Londres !

Soudain, avec à leur tête le directeur Hippolyte Jérémie, une vingtaine d'agents du corps de police font irruption sur la place afin de disperser le groupe. Ils sont partis de leur quartier général, situé à quelques rues à l'est, au marché Bonsecours, pour procéder à l'arrestation de ceux qui refusent de quitter les lieux. Le chef, Jérémie, redoute de tels rassemblements. Mieux que quiconque, il pressent une crise qui se dessine.

Cette crise, Simon et tous les Montréalais peuvent aussi bien l'appréhender. Le chef du Parti politique des Réformistes, Louis-Hippolyte La Fontaine, remporte une victoire écrasante aux élections de 1848. Il devient premier ministre et condamne aussitôt l'usage unique de l'anglais dans les débats de l'assemblée législative. Le français y est pour l'instant interdit. La Fontaine exige le libre choix de la langue utilisée par les parlementaires et donne désormais l'exemple en parlant français.

Mais une autre mesure va provoquer la violence dans les rues de Montréal. Le premier ministre La Fontaine demande que de l'argent soit versé à ceux dont les demeures et les biens ont été détruits pendant la Rébellion des Patriotes. Il veut aussi accorder le pardon aux rebelles qui ont été exilés. Les intentions du premier ministre vont mettre le feu aux poudres dans la population.

Simon n'en croit pas ses yeux. Son journal, *La Minerve*, comme d'ailleurs *l'Avenir*, le seul autre journal francophone de Montréal, appuie sans condition le premier ministre. La majorité de la presse anglophone, avec en tête *The Gazette* et le *Herald*, s'y oppose sans réserve.

Une fois la loi votée par les députés, il faut l'approbation du gouverneur général de la colonie du Canada-Uni, lord Elgin. Le 25 avril 1849, celui-ci, devant tous les députés, signe les documents. Une foule s'est formée à l'extérieur du parlement. Gonflés par la colère, les protestataires se font agressifs. Dès qu'il apparaît, ils lui lancent des œufs et des pierres du pavé. À peine peut-il s'échapper dans son fiacre, qui part aussitôt au galop.

Au même moment, dans l'édition du journal *The Gazette* publiée ce jour-là, le rédacteur en chef James Moir Ferres appelle les anglophones à la révolte. Plus de 1500 personnes se rassemblent au Champ-de-Mars, un immense terrain situé derrière les édifices de la rue Notre-Dame, qui sert d'abord aux exercices militaires. À la lueur des torches, des orateurs dénoncent la décision de verser de l'argent aux victimes de la Rébellion.

Toujours curieux, Simon s'y est rendu et se retrouve au milieu de la foule. Chaque instant le ton monte, et la fureur s'empare des participants.

Puis, soudain, Alfred Perry, capitaine d'un corps de pompiers volontaires, interpelle l'auditoire : « Si les hommes qui sont ici sont sérieux, qu'ils me suivent jusqu'à l'édifice du parlement ! »

La foule emprunte la rue Notre-Dame et emporte Simon malgré lui. La manifestation tourne vite à l'émeute lorsque des protestataires cassent des vitrines et des fenêtres sur leur parcours. Ils s'en prennent notamment aux bureaux du *Montreal Pilot*, le seul journal de langue anglaise qui est en accord avec le gouvernement.

Une fois la place d'Armes traversée et la rue Saint-François-Xavier descendue, les manifestants s'engagent rue Saint-Simon jusqu'à ce qu'ils atteignent le parlement. Arrivés sur les lieux, la place D'Youville est éclairée par des réverbères à gaz. En effet, depuis peu, la Ville a entrepris d'éclairer ses rues au gaz. Dans son usine aménagée rue Dalhousie, dans le sud-ouest de l'île, la New City Gas of Montreal produit et distribue du gaz à partir de la combustion de charbon. Peu à peu, les rues seront toutes équipées de réverbères.

Pour l'instant, les manifestants cassent les fenêtres de l'édifice, alors que d'autres tentent d'en forcer les portes. À court de moyens, certains s'emparent d'une échelle qu'ils utilisent comme un bélier. Finalement, ils envahissent le hall. Après avoir bousculé les députés encore présents, les émeutiers mettent en pièces les pupitres et les sièges. L'un d'entre eux lance une brique sur un lustre alimenté au gaz. Il n'en fallait pas plus pour que le feu se répande rapidement.

Simon, qui s'est glissé à l'intérieur, est pris de panique en voyant la montée des flammes. Il s'enfuit en courant. À sa sortie, il rencontre des pompiers. Ceux-ci sont bloqués par des émeutiers qui les empêchent d'intervenir. Repoussés, ils se dirigent vers les édifices adjacents qui sont menacés.

En quelques heures, le parlement est détruit. Des 23 000 livres que contenaient ses deux bibliothèques, seulement 200 ont pu être sauvés.

Le lendemain, son sac bourré d'exemplaires de *La Minerve*, Simon arpente les rues en s'égosillant pour répandre la nouvelle.

— Le parlement du Canada détruit par des émeutiers ! L'armée envoyée en renfort ! Obtenez les dernières nouvelles ! Voyez des illustrations du drame !

En criant ainsi sans cesse aux passants la nouvelle du jour, Simon a l'impression de se défouler, d'exprimer sa colère. Il craint que les événements dont il a été témoin ne marquent le début d'un long conflit entre les Canadiens français et les fidèles de la Couronne britannique. Quant aux illustrations et aux dessins parus dans *La Minerve*, ils n'arrivent pas à dépeindre le climat de haine qui régnait à Montréal la veille.

— Petit, je prendrai bien un exemplaire de ton journal.

Le camelot n'en croit pas ses yeux. L'homme qui s'approche, vêtu d'une longue veste et coiffé d'un chapeau haut de forme, est nul autre que Louis-Hippolyte La Fontaine ! Il sort à peine de la Maison de Justice. En tant que procureur général, il a demandé à la Cour que les chefs de la manifestation arrêtés au petit matin soient relâchés sous caution en attendant leur procès. Cette mesure, pensait-il, apaiserait le climat dans la ville.

L'homme se trompait gravement. Sa maison de la rue de l'Aqueduc, dans le faubourg Saint-Antoine, ainsi que ses écuries sont incendiées le soir même.

Le lendemain, le gouvernement doit lever une force policière spéciale. Quelque 800 hommes sont armés, et le 71e régiment, équipé de deux canons, est mobilisé. D'autres émeutiers sont repoussés dans la rue Notre-Dame.

Les jours suivants, rien ne semble encore calmer la grogne. Temporairement, le gouvernement s'installe au château Ramezay sur la rue Notre-Dame. Lord Elgin est parti de sa résidence de Monklands en banlieue sous escorte armée. Même chose pour les députés qui empruntent la ruelle Saint-Claude. Plusieurs confrontations surviennent sur leur parcours.

La violence monte encore d'un cran au cours du mois d'août. Des groupes d'émeutiers érigent çà et là des barricades à même les pavés de la rue. Le plus souvent, les affrontements avec les militaires se font sur les rues Craig (aujourd'hui Saint-Antoine) et Notre-Dame. Par ailleurs, plusieurs menaces à l'endroit de Louis-Hippolyte La Fontaine ont amené de ses amis à assurer sa protection. Lors d'une attaque devant sa maison, des coups de feu sont échangés. Un émeutier perd la vie sous les balles.

Jour après jour, Simon annonce les grands titres aux passants qu'il croise. La rédaction de *La Minerve* doit augmenter le nombre de pages de ses éditions. Les illustrations qu'on y voit inquiètent la plupart des lecteurs et en choquent certains autres.

Devant le chaos, et après de longs débats, les députés votent en faveur du déménagement du gouvernement à Toronto. Là-bas, l'anglais est la langue unique de la population. À Montréal, c'est bien différent. On y compte alors quelque 28000 francophones contre 16000 immigrants des îles britanniques.

Quelle ville accueillera le prochain édifice du parlement? En 1857, à Londres, c'est au tour de la reine Victoria de se prononcer. Le choix d'une nouvelle capitale pour le Canada lui revient. Montréal, Toronto, Kingston et Québec espèrent toutes être retenues. Pour éviter d'autres conflits, la reine opte pour un compromis: Ottawa, en Ontario, située sur les rives de la rivière des Outaouais, avec le Québec en face.

Lors de l'inauguration de ce nouveau parlement, en 1867, Simon est depuis longtemps journaliste à *La Minerve*. Il y est envoyé afin de rapporter l'événement.

5

MONTRÉAL L'IRLANDAISE

Accoudés au bastingage du voilier à peine ancré, Simon et son frère Sean perçoivent à travers la légère brume matinale des barques qui s'approchent à contre-courant sur le fleuve. Au loin, sur une île, ils devinent la silhouette de plusieurs bâtiments. Leur père, Brian, souffrant de fièvre, est resté dans son hamac, dans la cale, avec les marchandises.

Forcés d'abandonner leur terre agricole ravagée par une bactérie, le mildiou, ils ont été chassés par la famine. Leur mère, atteinte d'une maladie nommée typhus, vient de décéder après des semaines de fièvre intense et de coma. N'ayant plus pour se nourrir que les soupes populaires qui offrent gratuitement des repas aux plus démunis, le seul espoir des deux garçons et de leur père est de refaire leur vie en quittant le pays.

Le 13 avril 1847, ils ont donc quitté la ville de Cork, en Irlande, à bord du *Scotland*. Parce que la traversée coûte moins cher, ils ont choisi Québec ou Montréal au lieu de New York ou Boston.

Sitôt les barques accostées au navire, des inspecteurs et des médecins montent à bord. Chacun des 400 passagers doit subir un premier examen médical qui déterminera la durée de son isolement nécessaire pour diminuer les risques d'épidémie. Bien qu'on appelle cet isolement *quarantaine*, il peut souvent durer moins de 40 jours.

Par la suite, ils seront conduits juste en face, sur Grosse-Île, située dans l'archipel de l'Isle-aux-Grues, près de la ville de Québec. Or, les grandes épidémies de choléra et de typhus font des milliers de victimes. Sur cette île, on en comptera 5000 dans la seule année de 1847. Près de 1500 orphelins seront adoptés par des familles canadiennes-françaises. Plusieurs parviendront à conserver malgré tout leur nom de famille irlandais.

Au terme de leur traversée, en juin, Simon et Sean apprennent ainsi que 60 passagers ont perdu la vie à bord du bateau. Parce qu'on le pensait atteint de la typhoïde, il faudra compter 20 jours de soins et de repos avant que Brian et ses deux fils puissent repartir pour Montréal. Toutefois, l'argent qui lui reste ne lui suffit pas pour l'instant à payer un logis.

Les immigrants sont si nombreux que les autorités viennent de construire trois immenses hangars de bois à la Pointe-du-Moulin, en bordure du fleuve. Ces hangars sont gardés par des militaires qui doivent empêcher les bagarres, mais aussi la sortie des malades ailleurs dans la ville. Puisqu'ils arrivent par milliers, 22 de ces hangars sont rapidement construits afin de loger tous ceux qui n'ont pas encore de travail.

Le tout premier obstacle auquel font face Brian, Simon et Sean est la barrière de la langue. Ils ne parlent que le gaélique irlandais, une langue celtique, et n'ont d'autre choix que d'apprendre rapidement des mots usuels de français. À cet égard, puisqu'ils sont catholiques comme la majorité des Montréalais, ils seront aidés par des curés de paroisse et des religieuses soignantes.

Dans ce Nouveau Monde, ils se sentent perdus, et vont tenter de fraterniser avec des compatriotes. Ils se rendent donc à la St. Patrick's Society of Montreal, où se rencontrent régulièrement tous les Irlandais récemment arrivés.

Malgré toutes ces difficultés, l'espoir d'une vie nouvelle est proche, très proche. Il se trouve dans le quartier Sainte-Anne, en plein essor industriel. Là, dans le sud-ouest de Montréal, se multiplient de nouvelles usines, de même que des entrepôts dans le port, non loin. Brian et ses fils vont y chercher du travail.

Pour les nouveaux arrivants qui sont pour la plupart venus des campagnes, pauvres et illettrés, c'est l'occasion d'obtenir un salaire en tant qu'ouvriers ou manœuvres. Ils sont bientôt des milliers à vivre à proximité, dans Griffintown, tant et si bien que l'on surnomme ce quartier le *village des*

Irlandais. Griffintown devient le premier quartier ouvrier en Amérique.

En dépit de son manque d'expérience, Brian convainc un contremaître anglophone de l'embaucher sur l'un des plus grands chantiers de la ville. Le projet consiste à élargir le canal Lachine afin d'y laisser passer plus de marchandises à destination de l'Ouest, du port vers le lac Saint-Louis. Il faut construire des écluses en escalier qui permettront la navigation de plus gros bateaux.

On assiste aussi au développement d'industries exploitant la force de l'eau. L'énergie hydraulique permet d'activer des machines industrielles et des équipements de scieries, de fonderies et de meuneries. En un siècle, près de 600 manufactures vont s'installer sur les berges du canal et offrir de nombreux emplois aux immigrés.

De leur côté, à cause de leur âge, Simon et Sean ont du mal à trouver du travail. Aussi peu payés soient-ils, les immigrants doivent de plus en plus rivaliser avec des hommes de chantier sans métier en quête d'ouvrage. Ces derniers proviennent de quartiers proches comme Saint-Henri, Pointe-Saint-Charles et Petite-Bourgogne.

Pendant près de cinq ans, à l'aurore, les deux frères se rendent au port pour être embauchés comme journaliers au chargement et au déchargement des cargos sur les docks. La paie est mince, insuffisante pour la vie de misère qui règne alors à Griffintown.

Et puis, un jour, le bruit court qu'un pont ferroviaire reliant Montréal à la rive sud du fleuve pourrait être construit. Ce serait le premier pont à enjamber le Saint-Laurent. Jusqu'à maintenant, seuls des traversiers, l'été, et un pont de glace, l'hiver, permettaient aux Montréalais de rejoindre la rive.

En 1852, la Société des chemins de fer du Grand Tronc est créée, avec l'intention d'assurer la liaison Montréal-Portland, dans le Maine. Le projet est lancé, et les deux frères irlandais sont au nombre des 3000 ouvriers embauchés !

Le chantier est à ce point gigantesque que la qualité de vie au village des Irlandais s'en trouve améliorée. Le quartier devient plus propre, les conditions de vie plus saines. On procède à la réfection des rues Duke, William, Murray et Wellington, trop souvent inondées au printemps. Des logis sont rénovés et dotés d'appareils hygiéniques comme des baignoires, des lavabos et des éviers. Bref, la misère y devient moins pénible.

Au fil des mois, Simon éprouve de la curiosité à l'endroit des Canadiens français. Après tout, ils sont eux aussi catholiques et semblent braver les Britanniques tout autant que les Irlandais. Les dimanches débutent toujours par une messe célébrée à l'église Saint-Patrick. Cette église a été inaugurée le 17 mars 1847, précisément le jour de la fête de saint Patrick, patron des Irlandais.

Simon passe ensuite le reste de la journée à errer dans les rues de Montréal et à fréquenter les commerces où se tiennent des ouvriers francophones.

En peu de temps, il parvient à communiquer avec eux et se fait des amis.

En fait, avec le temps, les deux communautés d'ouvriers s'intègrent au mieux. Ils se révoltent contre leurs conditions de travail et leur faible salaire de 1,50 $ par jour. Les confrontations avec leurs patrons anglais et écossais sont fréquentes. C'est à Montréal que sont nés les premières contestations ouvrières en Amérique.

Malgré tout, le 12 décembre 1859, sur le site des hangars à la Pointe-du-Moulin, le pont est inauguré par le prince de Galles. On lui a donné le nom de la reine, Victoria.

Quelques années auparavant, Simon a épousé Blanche Landry, une jeune Montréalaise de famille ouvrière. Ils eurent ensemble de nombreux enfants, et plus tard plusieurs petits-enfants. Aujourd'hui, au XXIe siècle, on estime que 40 % des Québécois francophones ont des ancêtres irlandais.

6

LE TEMPS DES BOULEVERSEMENTS

1918. Pour la famille de Simon comme pour tous les Montréalais, débute une période intense faite de craintes, de joies et d'événements inattendus.

Simon et ses parents viennent tout juste de déménager aux limites de la ville, au second étage d'un duplex rue Henri-Julien, près de la rue Jarry. Dans le *village de Villeray,* on vient de construire une caserne de pompiers, des écoles et une église. Aux quelques rues adjacentes succèdent des boisés, des terres et des fermes. C'était ici la campagne, il n'y a pas si longtemps ! Le secteur, déjà desservi par le tramway électrique, deviendra, dit-on, un nouveau quartier de Montréal.

La famille de Simon s'est ainsi éloignée par peur de la grippe espagnole. Le virus a déjà causé en quelques mois des dizaines de décès à Québec, à

Sherbrooke et à Montréal. Fait inquiétant : les jeunes adultes sont les plus frappés. Ils souffrent de fièvre et d'infections aux poumons.

La contagion est telle que le bureau d'hygiène de la Ville décide de fermer les écoles, les théâtres et les grands commerces. Malgré ces mesures, les décès s'accumulent chaque semaine. Cette grippe fera 50 millions de victimes dans le monde.

Jeanne et Marcel, les parents de Simon, sont convaincus que la menace croissante de cette maladie est due en partie au retour des militaires qui ont été blessés sur les champs de bataille européens et qui sont rapatriés chez eux. Depuis quatre ans qu'elle dure, cette fichue guerre semble interminable !

D'ailleurs, une peur tout aussi présente préoccupe les Canadiens. En France, la bataille de la crête de Vimy a fait à elle seule 3600 morts et 7000 blessés parmi les soldats canadiens. En réaction, le gouvernement d'Ottawa décide d'appliquer la Loi du service militaire, instaurant la conscription. Cette loi impose le service militaire obligatoire pour tous les hommes âgés de 20 à 45 ans. L'armée entend ainsi recruter 400 000 hommes. Jeanne ne veut surtout pas voir son mari aller mourir au front.

Les Canadiens français, et les Montréalais plus que tous, refusent de s'enrôler. Le désordre s'installe dans la ville. On assiste à des affrontements fréquents entre des citoyens – qui ont parfois caché des fuyards qui ne veulent pas aller à la guerre – et les policiers partis à leur recherche.

Parmi ceux qui s'opposent à la conscription, il y a Henri Bourassa, fondateur du journal *Le Devoir*. Grand orateur, il attire les foules en déclarant chaque fois que cette loi est injuste à l'endroit des Canadiens français qui, selon lui, n'ont pas à participer à une guerre déclarée par la Grande-Bretagne. « C'était déjà un abus de pouvoir que de décider, sans le consentement de la nation, de la participation du Canada aux opérations de guerre en Europe. Rendre obligatoire le service militaire est un autre abus de pouvoir », peut-on l'entendre dire.

Le repas du midi aussitôt terminé, Simon se montre impatient de partir :

— Dépêchons-nous, papa. La manifestation va débuter en fin d'après-midi par un rassemblement et des discours au parc La Fontaine. Monsieur Bourassa sera là.

— Simon, je te préviens, dans toute cette foule il ne faudra jamais nous séparer, et surtout rester loin des agitateurs. C'est la même chose pour les étudiants qui se sont organisés.

À leur arrivée, plus de 5000 personnes ont déjà envahi le parc pour entendre les orateurs. Encouragés par les appels au sentiment d'appartenance à leur nation, les manifestants entreprennent de marcher jusqu'au Champ-de-Mars, en espérant ainsi faire grossir leurs rangs. Sur leur parcours, ils brisent des vitrines, mettent le feu à des tramways et jettent des pierres aux policiers qui tentent de les contenir.

Arrivés à destination, des cavaliers, bâton à la main, entreprennent de les disperser en chargeant sur eux. Les émeutiers répliquent en lançant des projectiles de toutes sortes. Il faudra plus de quatre heures et des dizaines de blessés pour qu'une forme de calme revienne.

Quelques mois plus tard, le 11 novembre, la crise fait place à l'euphorie. La guerre est finie. Les Allemands se sont rendus. Finie la conscription ! À 11 heures, les clochers résonnent dans toutes les paroisses. Pour un instant, les Montréalais oublient leurs problèmes et célèbrent cette nouvelle dans les rues.

Marcel aura évité l'armée grâce à son travail. Depuis 1915, il travaille en secret dans un laboratoire de la compagnie Northern Electric de Pointe-Saint-Charles. L'entreprise est spécialisée dans le développement et la fabrication de transmetteurs et de commutateurs télégraphiques à usage militaire. Après la guerre, Montréal est déjà un centre de recherche important dans les domaines de la transmission et de la réception radiophoniques, ainsi que de la téléphonie. La guerre terminée, la Northern Electric se lance dans la fabrication d'appareils ménagers.

Tout cela arrive à point, car les années 1920 constituent une période éclatante, celle des Années folles. Après le chaos de la guerre, les Montréalais veulent profiter de la vie. Ils ont du travail, gagnent de l'argent, qu'ils dépensent en produits et en activités de toutes sortes. Les automobiles sont alors à un prix accessible pour plusieurs familles, et la plus populaire est sans nul doute le « modèle T » de Henry Ford.

Ce goût intense de revivre se ressent partout. De nombreux cabarets ouvrent leurs portes. Les cinémas Laurier Palace, Outremont et Empress projettent des films américains et français. Des comédiens d'ici font revivre le vaudeville, un style de comédie léger et divertissant, au Théâtre des Variétés de la rue Papineau.

Un autre fait important marque cette période. Après avoir obtenu, en 1918, le droit de voter aux élections fédérales, les femmes sont plus nombreuses à s'inscrire dans les universités. Elles retournent aux études, délaissant pour certaines les usines et les manufactures. Dans les bureaux, on les retrouve de plus en plus dans des postes d'employées et de secrétaires.

Les Montréalais sont aussi attirés par les arts et les cultures étrangères. Une nouvelle fenêtre sur le monde s'ouvre à eux : la radio.

En 1922, le journal *La Presse* crée la toute première station à diffuser du contenu en français en Amérique du Nord. CKAC entre en ondes le 22 sep-

tembre, avec bien sûr le compte rendu des actualités. Mais dès les premiers jours, ses émissions sont largement consacrées aux concerts, à l'opéra et à l'opérette. Puis les grands orchestres américains font leur entrée avec de plus en plus de jazz.

Un soir, au retour du travail, Marcel a une surprise pour Jeanne et Simon. Grâce à son emploi à la Northern Electric, il a pu se procurer le dernier modèle de récepteur radio. À la maison, les loisirs de la petite famille en seront changés à jamais. Ainsi, le 12 janvier 1925, Marcel et son fils écoutent la première transmission d'un match de hockey. Les Canadiens de Montréal affrontent les Bruins de Boston. Plus de 80 000 auditeurs sont accrochés aux paroles du commentateur. « George Vézina bloque le lancer tandis que le défenseur Sylvio Mantha récupère la rondelle et la passe ensuite à l'ailier Aurèle Joliat... Puis, c'est Howie Morenz qui s'élance... Il monte vers le filet adverse... Il lance et coooooompte ! » Les Canadiens remportent le match 4 à 2.

Quelques années plus tard, un nouveau bouleversement vient mettre fin aux Années folles. Et c'est par la radio que frappe la nouvelle. Le 24 octobre 1929, la Bourse de New York s'effondre ainsi que la valeur de ses actions. On qualifie de Jeudi noir, de *Black Thursday,* cette journée de krach boursier. Aux États-Unis, des centaines de milliers de familles se retrouvent ruinées. Les banques font faillite ainsi que des milliers de commerces et d'entreprises.

Le Canada est rudement touché par la crise économique. Une part importante de ses revenus dépend des produits de base qu'il exporte, comme le bois, les céréales et les minerais. De grandes compagnies canadiennes doivent fermer leurs portes ou congédier un nombre important d'employés. À Montréal, le taux de chômage dépasse 20 %, tandis que ceux qui, comme Marcel, parviennent à garder leur emploi doivent subir des baisses de salaire.

Des milliers de familles montréalaises tombent dans une grande misère. Faute d'argent, les cas de malnutrition se répandent, comme d'ailleurs des maladies graves comme le scorbut et la tuberculose. Il n'existe aucune aide sociale. À partir de 1939, le gouvernement accorde un montant mensuel aux familles les plus démunies. À Montréal, une famille de cinq personnes reçoit 40 $, ce qui représenterait en 2016 un peu plus de 500 $, pour se loger, se nourrir, se vêtir et se soigner !

Enfin, des camps de travail sont mis sur pied afin d'accueillir les chômeurs célibataires sans abri. Pour les travaux de construction qui leur sont confiés, ils reçoivent 20 cents par jour.

Après une décennie sombre et difficile, nouvelle onde de choc. Le 1er septembre 1939, sans prévenir, l'Allemagne envahit la Pologne. Sur les ondes de CKAC, on annoncera bientôt que l'Angleterre déclare la guerre à l'Allemagne. Ce gigantesque conflit nécessitera la construction d'avions, de bateaux, de tanks et la fabrication de munitions.

Aussi dramatique que soit la nouvelle, elle permet au moins d'espérer une relance de l'économie.

Simon écoute tous les jours les nouvelles à la radio. Il apprend que des pays européens dont il ne connaissait pas encore l'existence tombent les uns après les autres aux mains des Allemands. Et puis, le 7 décembre 1941, la flotte américaine du Pacifique est détruite par les Japonais. Tous les bateaux amarrés dans le port de Pearl Harbour, à Hawaï, sont coulés. Simon réalise avec tristesse que le monde entier est désormais en guerre.

7

MÉDECINS ET HÉROS

Sa façade en pierre taillée et ses grandes fenêtres sur trois étages donnent à l'école Plessis l'aspect d'une résidence de prêtres. Cette impression tient au fait qu'elle est adjacente à l'église Sacré-Cœur-de-Jésus, à laquelle elle semble être rattachée. De plus, comme c'est le cas pour bon nombre d'écoles au Québec, ce sont les frères des écoles chrétiennes qui enseignent ici la lecture, l'écriture et le calcul, ainsi que toutes les autres matières jusqu'à la douzième année.

Comme chaque rentrée de septembre, Simon est content de retrouver ses copains du quartier, et curieux de connaître les nouveaux. Et puis, il y a la présentation des professeurs, les livres et les fournitures scolaires, les horaires de cours, mais aussi, en début d'année, l'incontournable visite médicale.

En 1942, il faut dire que les familles d'ouvriers et d'immigrés du centre-est de Montréal sont troublées par des épidémies de coqueluche et de rougeole. Ce sont des maladies contagieuses dont surtout les enfants sont victimes. Les personnes atteintes se soignent souvent mal ou pas du tout, faute d'argent pour payer le médecin et les médicaments. Le bureau d'hygiène de la Ville va même jusqu'à mettre un avis sur les demeures des gens contaminés afin d'en interdire l'accès.

Avec la guerre mondiale qui fait rage à l'époque, on soupçonne les soldats en permission ou les blessés au front de ramener au pays la tuberculose. La maladie est contagieuse et souvent mortelle. Elle s'attaque surtout aux bébés, aux jeunes enfants et aux personnes âgées. Elle résiste au temps puisque 75 ans plus tard, en 2016, le Canada compte encore 1600 nouveaux cas par année.

Les élèves se présentent donc tour à tour à l'infirmerie et subissent les mêmes questions.

— As-tu mal quelque part? Manges-tu assez à tous les repas? Dors-tu bien? Y a-t-il des malades dans ta famille?

— Non. Ça dépend des jours. Oui. Non.

— Vois-tu bien au tableau de la classe? Entends-tu bien le professeur? Arrives-tu à te concentrer sur tes devoirs?

— Bien sûr, c'est oui à tout cela!

Et puis, voilà qu'un jour Simon est bouleversé. Dans le corridor menant à sa salle de classe, un camarade, Jean Vinet, tombe soudain au sol. Il est tout pâle, son corps est pris de spasmes musculaires et il a peine à parler. Il a des convulsions comme s'il était électrocuté.

Les surveillants le transportent à l'infirmerie et quelques minutes plus tard une ambulance vient le chercher.

La vérité, c'est que son copain Vinet souffre d'épilepsie – que la plupart appellent encore *le grand mal*. C'est une maladie nerveuse qui cause de brusques convulsions avec des pertes de conscience.

Un enseignant, le frère Ambroise, explique à Simon et à ses camarades que l'on sait encore très peu de chose de cette maladie, et que forcément les traitements en sont limités. Il emploie des mots qui impressionnent, comme *dérèglement du cerveau* et *court-circuit*.

Pourtant, sur le campus de l'Université McGill, un grand chercheur montréalais s'active depuis des années à trouver le traitement qui sauvera les malades atteints d'épilepsie. Wilder Graves Penfield est un docteur brillant qui travaille au développement de techniques de chirurgie du cerveau. D'ailleurs, il vient de tracer une carte des régions et des fonctions de la *centrale nerveuse* de notre corps.

Parce qu'il est américain d'origine, Penfield publie régulièrement les conclusions de ses recherches aux États-Unis. C'est ainsi qu'il suscite l'intérêt du grand homme d'affaires du pétrole, David Rockefeller. Celui-ci est un bienfaiteur milliardaire qui investit les sommes nécessaires à la création de l'Institut de neurologie de Montréal. En 1934, le médecin montréalais a fondé et dirige toujours, huit ans plus tard, le centre de recherche ainsi que l'Université McGill. Déjà reconnue mondialement pour son savoir médical, McGill est la plus ancienne université montréalaise. À partir de 1939, de nombreux chercheurs étrangers fuyant la guerre viendront y poursuivre leurs travaux.

Penfield est un chercheur révolutionnaire dans la lutte contre l'épilepsie. Sa chirurgie consiste à retirer les cellules qui sont à l'origine des crises. Pour ce faire, après avoir engourdi les nerfs pour empêcher la douleur, il place dans le cerveau de ses patients conscients des sondes électriques qui lui permettent d'étudier les réactions de chacune des cellules. C'est ainsi que des malades comme l'élève Jean Vinet seront sauvés.

Par ailleurs, à l'Hôpital général, on s'applique depuis plusieurs années à améliorer les techniques de destruction des microbes dans les salles d'opération. Dans le domaine de l'anesthésie, des chercheurs explorent aussi de nouveaux produits pour « endormir » les patients. Par exemple, ils essaient d'utiliser le curare, un extrait de plantes dont se servent des tribus d'Amérique du Sud pour empoisonner leurs flèches. Ils réussiront en 1942.

Dix ans plus tôt, un autre chirurgien montréalais acquiert aussi une réputation internationale. Henry Norman Bethune pratique à l'hôpital Royal Victoria. En salle d'opération, il est reconnu comme l'innovateur qui a créé une douzaine d'instruments chirurgicaux mieux adaptés et plus efficaces que ceux que l'on trouvait à l'époque.

Mais Bethune est aussi un homme engagé. En 1936, il rejoint les Républicains qui luttent en Espagne contre les troupes du général Franco. Au cours de cette guerre civile, il conçoit la première unité mobile de transfusion sanguine à partir d'un camion équipé de réfrigérateurs. Son invention sera par la suite améliorée et servira pendant la Seconde Guerre mondiale.

À Montréal, le docteur Bethune souhaite rendre la médecine accessible à tous. Pour ce faire, il ouvre une clinique où les soins sont gratuits pour les familles de chômeurs. Il considère que se faire soigner est un droit que tous devraient avoir dès la naissance. Selon lui, seuls les pays qui l'auront compris pourront prospérer.

Aventurier, Bethune se rend plus tard en Chine pour aider les révolutionnaires communistes. Il aménage un bloc opératoire mobile pour les déplacements des troupes et forme des médecins et des infirmiers. Il mourra en Chine, sur le champ de bataille, à la suite d'une infection due à une coupure au cours d'une opération

En 1942, trois ans après sa mort, Norman Bethune est déjà un héros montréalais.

Heureux de voir son camarade Vinet revenu à l'école Plessis, Simon se dit qu'il pourrait un jour étudier à l'Université McGill et devenir lui aussi un grand médecin.

8

DES COULEURS SUR LA VILLE

Depuis toujours, Simon aime dessiner. En fait, le dessin lui permet de s'exprimer, de s'évader dans sa bulle. Il laisse des croquis et des esquisses un peu partout, notamment dans ses livres et ses cahiers.

Trois jours par semaine, Simon se rend rue Saint-Urbain, à l'École des Beaux-Arts.

Il admire son professeur, Alfred Pellan. Il est fasciné par celui-ci, tant pour ses propos que pour ses œuvres. Dans le Montréal de 1943, aucun peintre, à ses yeux, ne lui ressemble. Des années auparavant, avant la guerre, Pellan a vécu en Europe, où il a fréquenté des maîtres comme Pablo Picasso et Salvador Dali, de grands artistes que plusieurs Québécois à cette époque jugent trop modernes.

Devant ses élèves, le maître parle de son intérêt pour le cubisme, une école de peinture qui cherche à représenter la réalité par des formes géométriques rappelant le cube. Il se captive aussi pour le surréalisme, un mouvement artistique qui met au premier plan le rêve et les pensées inconscientes.

Après des mois passés en atelier avec lui, Simon remarque que son professeur a tendance à réaliser des tableaux de format plus grand, aux sujets plus complexes et aux couleurs surprenantes.

— Simon, si tu veux t'exprimer librement dans ta peinture, oublie les modèles, oublie les objets et les formes que tu leur connais.

— Mais comment ?

— Pense à ces mêmes objets en fonction de ce qu'ils te font ressentir. C'est cela qu'il te faut peindre sur la toile. La paix, la joie, le chagrin, la beauté, le mouvement. Bref, tes impressions.

— Mais on ne reconnaîtra peut-être pas le sujet de mon tableau.

— Il te faut nous faire comprendre ce que tu en ressens. C'est en nous montrant ce que tu vois que nous ressentirons quelque chose à notre tour.

Jamais n'avait-on parlé à Simon de la sorte. La vision de l'art énoncée par Pellan relève d'une pensée nouvelle. Cette pensée, le grand peintre décide de l'exprimer dans un manifeste intitulé *Prisme d'Yeux*, dans lequel il réclame la liberté d'expression dans l'art. Simon est fasciné par cette façon de concevoir la peinture.

Puis, Alfred Pellan reçoit une bourse de la Société royale du Canada. Il repart pour Paris, pour ne revenir que quelques années plus tard, en 1957. Il reprendra alors ses cours de peinture en tant que professeur au Centre d'Art de Sainte-Adèle.

Pendant ce temps, Simon poursuit son apprentissage. Il s'inscrit à des cours de dessin et de peinture offerts par l'Art Association of Montreal, propriétaire du Musée de la rue Sherbrooke, le futur Musée des Beaux-Arts de Montréal. Chaque fois, l'édifice l'impressionne. Son haut portique soutenu par quatre colonnes de marbre et ses lourdes portes en chêne massif lui font penser à un temple.

C'est là qu'il fait une rencontre marquante. Employé du musée mais non inscrit aux cours, Léo Ayotte écoute néanmoins les suggestions des professeurs. Avec à peine assez d'argent pour vivre, il s'approprie les tubes de peinture entamés laissés par les élèves. Simon et Léo fraternisent rapidement, de telle sorte que notre jeune apprenti se rendra souvent dans le petit atelier que s'est aménagé le peintre, au 4076 de la ruelle Saint-Christophe.

Simon aime observer Léo à l'œuvre pendant des heures devant son chevalet. Sur son canevas, il ne fait jamais de croquis. Dans une suite de gestes assurés, il marque d'un seul pinceau la toile de traits prononcés et de couleurs vives. Il n'apporte aucune retouche, comme si son tableau, toujours final, représentait une projection précise de sa mémoire.

— Léo, cette maison dans les bois... elle semble être dans la lumière... pourtant le ciel est sans soleil.

— C'est d'abord une question de couleurs. Tu dois apprendre à jouer avec les couleurs, à mélanger les tubes pour arriver à celles qui te conviennent. Ceux qui aimeront tes toiles reconnaîtront tes bleus, tes jaunes, tes rouges.

— Mais il y a aussi votre façon de peindre.

— Ça, c'est la technique, Simon. Avec le temps, tu développeras la tienne. Plus que ton nom au bas du tableau, ce sera ta vraie signature.

Lorsqu'il a réalisé suffisamment de tableaux, Ayotte aime bien tenir lui-même ses vernissages dans son atelier. Des connaisseurs y défilent, séduits par la profondeur de ses paysages et par la beauté des objets inanimés.

Simon est séduit par tout ce qui distingue Ayotte, par son côté marginal. Il le sera tout autant par l'esprit de révolte d'un autre peintre montréalais, Paul-Émile Borduas. Celui-ci a d'abord réuni autour de lui d'autres artistes visuels, puis des auteurs, des journalistes, des danseurs, dans un mouvement contestataire. Les Automatistes défendent leur droit de pouvoir s'exprimer librement, sans se faire imposer de règles par la religion ou la société.

Le 9 août 1948, les Automatistes rédigent et publient une déclaration intitulée *Refus global,* dans laquelle ils dénoncent l'emprise de l'Église et de la religion sur la société québécoise. Ils accusent aussi le premier ministre Maurice Duplessis et son gouvernement de garder le peuple dans l'ignorance en empêchant la diffusion de nouvelles idées et de connaissances provenant d'ailleurs.

Très vite, les contestataires déclarent que le Québec entier est gardé dans le noir, dans une *Grande Noirceur*. Ainsi, les revendications des 15 signataires de ce document ne sont-elles plus seulement artistiques, elles sont sociales et politiques !

Simon se précipite en librairie et, pour un dollar, se procure un exemplaire du livre. Il le lira plusieurs fois, s'arrêtant à certains passages qui remettent en question des valeurs profondes du Québec qu'il connaît. Il est fier de se considérer lui-même comme un artiste, puisque ce sont des artistes qui, par leur *Refus global*, ont annoncé une révolution sociale, sur le point d'éclater.

La véritable révolution débutera 12 ans plus tard, en 1960 avec l'élection du Parti libéral de Jean Lesage. On appellera cette époque la Révolution tranquille. Elle promettra une société plus juste avec des droits égaux pour tous. Étudier, s'exprimer librement, se faire soigner sont parmi ces droits. C'est donc en partie grâce à ces artistes que le Québec est devenu ce qu'il est aujourd'hui.

9

MONTRÉAL AU RYTHME DU JAZZ

En 1948, rares sont les adolescents montréalais plongés à ce point dans la musique. Pour Simon, celle-ci fait pourtant partie de sa vie. Il baigne dans une atmosphère un peu bohème, où le jazz occupe toute la place. Les après-midis, il aime depuis toujours écouter Raymond, son père, répéter assidûment au piano. Il interprète alors des airs et des extraits qu'il jouera le soir même dans un cabaret ou une salle de danse.

Souvent, pour l'accompagner, Simon s'improvise batteur sur des cartons et des chaudrons avec des bouts de bois pour baguettes. Il ne peut encore lire une seule ligne de musique, mais il a du rythme. Il aime le swing et ses airs très rythmés, faits pour danser. Il s'intéresse aussi à une toute nouvelle musique avant-gardiste venue de New York, que son père s'applique déjà à interpréter, le be-bop.

Depuis quelques années, il aime aussi entendre un autre pianiste, Oscar Peterson, en direct sur les ondes de CKAC. À 20 ans, le sens du rythme et de l'harmonie de Peterson est déjà parfait. On lui prédit une grande carrière.

Entre les salles de danse, les boîtes de nuit et les studios d'enregistrement, Raymond parvient, grâce au jazz, à faire vivre sa famille. À Montréal, les orchestres se multiplient et jouent notamment au Café St-Michel, au Rockhead's Paradise à l'angle des rues Saint-Antoine et de la Montagne, et au Casino Français sur le boulevard Saint-Laurent. Raymond décroche aussi parfois des contrats de quelques semaines dans un *big band.* Il adore jouer avec de tels orchestres formés de trompettes, de saxophones, de clarinettes, et dirigés par un chef.

Une fois les spectacles terminés, il s'empresse souvent de rejoindre d'autres musiciens dans des bars clandestins, qu'on appelle des *blind pigs*. Ce sont des établissements qui restent ouverts toute la nuit sans tenir compte des heures de fermeture

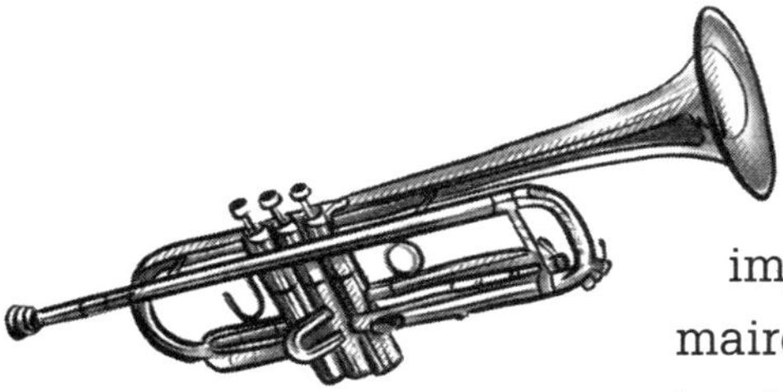

imposées par la Ville. Le maire Camillien Houde sait que les Montréalais sont nombreux à fréquenter ces bars illégaux. Il a choisi de fermer les yeux et donne l'ordre aux policiers d'en faire autant.

Jusqu'au petit matin, les musiciens s'amusent en inventant des airs, en créant des mélodies de jazz. Ils appellent leurs improvisations des *jam sessions*. Ceux qui jouent ne sont jamais les mêmes, et leurs instruments sont très variés. Outre le piano, on trouve le plus souvent un saxophone alto, une contrebasse, une trompette, une guitare et une batterie.

Dans les *blind pigs,* les clients n'ont pas à payer leur entrée, mais un pot est toujours placé bien en vue, près de l'orchestre, pour y mettre des pourboires. Les *jazzmen* se partageront ensuite le montant récolté.

Ces musiciens, Simon ne les connaît pas, mais pour lui, vu la manière dont son père parle de leur talent, ils sont entourés d'une sorte d'aura. Ils se nomment Steep Wade, Guy Nadon, Al King et Wilkie Wilkinson, pour ne nommer que ceux-là.

Les musiciens étrangers adorent jouer à Montréal. Les contrats sont bien payés et les fans nombreux. Pour les Afro-Américains, l'attrait est encore plus grand puisqu'ils ne font l'objet d'aucune discrimination, d'aucun préjugé de la part des Montréalais, qui les apprécient. C'est tout le contraire de plusieurs grandes villes des États-Unis, où on leur interdit même de jouer pour un public de Blancs.

Et puis, les boîtes de nuit sont devenues plus nombreuses – il y en a plus d'une vingtaine –, et plus grandes aussi, comme le Casino Bellevue sur la rue Ontario. Avec ses 700 places assises, c'est le plus grand cabaret de Montréal. Le mot se répand rapidement, tant et si bien que d'autres artistes, européens et américains, inscrivent Montréal dans leur carnet de tournées. Chanteurs, danseurs à claquettes, jongleurs et comiques viennent ici donner leurs spectacles.

La musique bouillonne au cœur de la ville. Le jazz s'entend partout comme la trame musicale de la vie, la musique de fond de toutes les activités. Des spécialités se sont développées avec des boîtes affichant des musiciens afro-américains souvent très connus. Elles sont situées au centre-ville sur des rues comme de la Montagne et Saint-Antoine.

Plus à l'est, des cabarets de quartier présentent des spectacles inspirés du music-hall français, avec en vedette des artistes locaux. Certains, comme le Copacabana, ouvrent l'après-midi avec des numéros de chanteurs, de danseurs, de jongleurs et même de dresseurs de chiens.

Le public montréalais devient davantage connaisseur, et forcément les spectacles sont aussi meilleurs.

— J'aimerais un jour être musicien comme toi, papa. Veux-tu m'apprendre ?

— Il te faudra bien du talent, tu sais. C'est une vie difficile où il faut sans cesse faire des compromis et affronter la concurrence. Et puis, tu devras vivre comme un oiseau de nuit. Franchement, je ne te souhaite pas une telle vie.

La vérité, c'est qu'un musicien ne peut alors pas gagner sa vie que par le jazz. Il lui faut savoir jouer d'autres styles de musique, et pour toutes sortes d'événements. Raymond ignore que la communauté du jazz, à laquelle il appartient en 1950, traversera des années difficiles en raison d'une baisse de popularité. Elle ne renaîtra que plus tard et plus forte grâce à des courants musicaux nouveaux.

Au fil des décennies, de grands interprètes montréalais ont été influencés par de non moins grands musiciens américains comme John Coltrane, Charles Mingus et Miles Davis, qui a fusionné le jazz et le rock ! De leur côté, les Montréalais Oscar Peterson et Oliver Jones deviendront des pianistes reconnus dans le monde entier.

Si la culture jazz coule aujourd'hui dans les veines de Montréal, c'est bien grâce à tous ces artistes des années 1930, 1940 et 1950 et à ceux qui les ont suivis. Simon, aujourd'hui dans la cinquantaine, n'est pas musicien, mais il ne manque jamais d'aller aux spectacles du Festival international de Jazz. Créé en 1979, il n'aura fallu que cinq ans pour que cet événement annuel devienne parmi les plus importants au monde. De nos jours, près de deux millions de visiteurs se rendent annuellement sur le site du festival.

De grandes vedettes internationales, notamment Ella Fitzgerald, Dave Brubeck et Ray Charles, sont revenus ici, des décennies plus tard, comme têtes d'affiche du festival. Beaucoup d'autres les imitent toujours et permettent à Montréal de demeurer la métropole de la planète jazz.

10

LES PARTISANS DU TRICOLORE VOIENT ROUGE !

Les hivers ne sont jamais assez longs. Dès que le froid s'installe, Simon et ses copains du quartier chaussent leurs patins pour jouer au hockey. Ils ont formé deux équipes qui s'affrontent à la patinoire du parc, parfois après l'école, et toujours les week-ends. À 14 ans, le hockey est une passion pour Simon et sa famille, qui forment un fan club absolu des Canadiens de Montréal. Pour son anniversaire, Simon a obtenu que sa chambre soit décorée aux couleurs de son équipe. Sa mère a même cousu un CH au centre de son couvre-lit.

Sur les murs, on trouve des photos de ses joueurs préférés. Mais de toutes, Simon préfère celle du trio d'attaque de 1948, la *Punch Line,* formé de Toe Blake, d'Elmer Lach et surtout de Maurice Richard. Le numéro 9, le Rocket qui a déjà marqué 50 buts en 50 parties, demeure son idole.

Pour ce qui est d'aller aux matchs avec son père, au Forum, c'est chaque fois une sortie extraordinaire. Regarder ses champions évoluer sur la glace, s'époumoner en encouragements, avec bien sûr dans la poche, au cas où... un carnet d'autographes.

Avant chaque match, une ambiance festive se répand tout autour de l'édifice. Rue Sainte-Catherine, on vient de remplacer les tramways par des autobus. Au fur et à mesure qu'ils se massent aux portes en attendant l'ouverture, les partisans enthousiastes se font bruyants. Il faut dire que pour bon nombre d'entre eux les parties coïncident avec la fin de leur journée de travail. Les billets sont achetés sur place. Il vaut donc mieux arriver parmi les premiers.

La popularité des matchs est telle qu'il a fallu, en 1949, procéder à des rénovations. Un second étage a été ajouté, portant à 13 551 le nombre de sièges. Selon la position autour de la patinoire, il peut en coûter moins de dix dollars pour obtenir une place.

Si Simon vénère ses héros, il connaît tout autant les noms de leurs plus solides adversaires. Il faut dire que la Ligue nationale ne compte que six équipes. Chez les Canadiens, on sait recruter les meilleurs. Un règlement de la Ligue concède à l'équipe un territoire exclusif où trouver de nouveaux talents. Tous les joueurs de hockey habitant une ville située à moins de 50 milles (80 kilomètres) de Montréal lui appartiennent sans exception.

De plus, afin de s'assurer d'une bonne relève, le Canadien développe le plus grand réseau de clubs-écoles de la Ligue. Dans ses rêves les plus fous, Simon se voit repêché pour jouer dans la grande équipe, au sein du Bleu-Blanc-Rouge, de la Sainte-Flanelle ou du Tricolore, quel que soit le nom qu'on lui donne !

Pour nourrir leur passion, Simon et son père ont la télévision. Le commentateur René Lecavalier devient rapidement la voix officielle de *La Soirée du hockey*. Sa voix familière est bien connue de milliers de familles francophones au pays.

Le 13 mars 1955, le match n'est pas télévisé. Le Canadien joue à Boston contre les Bruins.

Devant sa radio, Simon écoute la description en imaginant l'action sur la patinoire. Comme à son habitude, Richard est partout sur la glace. Le Rocket fait soudain une échappée avec la rondelle et s'élance vers le gardien d'en face. Il est rattrapé par Hal Laycoe de Boston, qui le frappe à la tête avec son bâton. Enragé, Richard se met à frapper à son tour sur son adversaire. Le juge de ligne Cliff Thompson tente de les séparer. L'échange de coups s'intensifie, et dans la mêlée, le Rocket assène un coup de poing à Thompson.

Le président de la Ligue nationale, Clarence Campbell, décide d'une punition exemplaire. Il suspend le numéro 9 pour le reste de la saison, y compris les séries éliminatoires. Tous les Québécois sont furieux, et les fans montréalais prennent d'assaut la rue Sainte-Catherine devant le Forum. Une foule enragée se défoule en criant à la défense de Maurice Richard.

— On ne laissera pas les Anglais humilier l'un des nôtres !

— Richard est puni parce qu'il est le meilleur compteur et un Canadien français !

— Dehors, Campbell !

Dans deux jours, le 17 mars, le prochain match du Canadien se tiendra au Forum contre les Red Wings de Detroit. Malgré toute l'hostilité des Montréalais, Clarence Campbell décide qu'il assistera tout de même à la partie.

Simon et son père ont aussi des billets. Déçus de ne pas voir jouer Richard, ils craignent aussi les réactions des spectateurs.

Campbell à peine assis à son siège, les partisans choqués s'emportent. C'est l'escalade. Des projectiles volent de partout sur la patinoire. Puis, la plupart des partisans se dirigent vers les couloirs. C'est le saccage dans l'édifice. Le match n'est pas terminé, et pour ajouter à la colère des partisans, la victoire est donnée aux Red Wings !

FORUM
VIVE RICHARD
PAS DE RICHARD PAS DE COUPE

Par la suite, ils envahissent la rue Sainte-Catherine. Des vitrines sont cassées et des voitures renversées.

— Ça va mal tourner. Viens vite, Simon, il faut partir.

— Mais moi aussi je suis contre la punition de Maurice.

— Oui, mais ce n'est pas ici que cela va se régler !

L'émeute dure de longues heures et se solde par 137 arrestations. Le lendemain, à la radio, Richard lance un appel au calme à la population. Beaucoup plus qu'une idole de hockey, il est soudain devenu pour tous les Québécois un symbole de fierté, un héros national.

L'année suivante, les Canadiens, avec le Rocket comme capitaine, remportent la première d'une série ininterrompue de cinq coupes Stanley.

Puis, le temps a filé comme tant de champions du Canadien sur la glace. Les Béliveau, Tremblay, Lafleur, Carbonneau et Roy, à chaque saison Simon les a tous suivis. À 55 ans, il demeure toujours un fier partisan.

Le 16 mars 1996, Simon est ému. À son tour, comme l'avait fait son père, c'est lui qui amène son fils voir les Canadiens. Cette fois, ce n'est pas au temple du hockey qu'est le Forum, mais dans un amphithéâtre tout neuf, le Centre Molson. Il sera plus tard rebaptisé le Centre Bell.

C'est soir d'inauguration, mais il a quand même pu obtenir une paire de billets tout en haut, dans la section des « blancs ». On compte plus de 21 000 sièges dans l'amphithéâtre, et leur inclinaison donne aux spectateurs l'impression d'être plus près de la glace.

Pourtant, vus de là-haut, les joueurs paraissent bien petits, et à cette distance on ne peut en ce premier soir entendre les mises en échec contre la bande ni le son d'ambiance du match. Le match est silencieux ! Dès le lendemain, des experts en acoustique suspendront de nombreux microphones au-dessus de la glace, au profit des spectateurs haut perchés.

Mais aussi beau et moderne que soit le nouvel amphithéâtre, Simon éprouve de la nostalgie pour le vieux Forum et se remémore des souvenirs d'adolescence. L'enthousiasme des partisans, leurs acclamations à chaque but, la liesse des victoires et des coupes Stanley. Il se rappelle toutes ces légendes que l'on surnomme maintenant les *fantômes du Forum* et tous les grands capitaines : Maurice Richard, Doug Harvey, Jean Béliveau, Henri Richard, Yvan Cournoyer, pour ne nommer que ceux-là. Vont-ils être oubliés ?

À leur sortie, à la fin du match, Simon et son fils errent dans les nombreux couloirs du nouvel édifice. Et là, à leur grande surprise, ils se retrouvent soudain face à un long mur sur lequel apparaissent, bien encadrées, les photos de ces icônes du passé. Les fantômes ont eux aussi changé de temple !

II

BIENVENUE À TERRE DES HOMMES

Simon anticipait ce moment depuis longtemps. Plus de quatre ans pendant lesquels les Montréalais se préparent à recevoir le monde entier ! C'est en novembre 1962 que le maire Jean Drapeau a obtenu pour la ville la tenue de la prochaine Exposition universelle.

Aujourd'hui, six mois avant l'inauguration, Simon prend possession de son premier passeport ; celui-ci est tout blanc avec son nom et sa photo. Ce n'est pas un vrai passeport, mais il est unique car il servira tout l'été de laissez-passer pour *Terre des Hommes*. Ce thème donné à l'Expo est tiré d'un roman d'Antoine de Saint-Exupéry. L'auteur français y raconte ses années passées à piloter les petits avions de l'Aéropostale afin de distribuer le courrier dans des régions éloignées.

Simon vient d'avoir 16 ans, et plus on approche de l'événement, plus il est impatient de savoir si, après de nombreuses entrevues, sa candidature sera retenue pour travailler sur *les îles,* comme tant d'autres étudiants. L'occasion est sans précédent !

— Tu sais que tu devras travailler six jours par semaine durant de longues heures et à des horaires variables. Alors, qu'aimerais-tu faire ?

— Pas dans un bureau, mais plutôt en contact avec les visiteurs qui viendront de partout. Je n'ai encore jamais voyagé. Ce sera mon premier tour du monde.

Souvent, au cours des mois précédents, Simon s'est rendu sur l'île Sainte-Hélène, jumelles à la main, pour observer les travaux de dragage à même la roche et le limon du fond du fleuve pour doubler la superficie de cette île et créer une nouvelle île, juste à côté, l'île Notre-Dame.

Le site de l'Expo aura en tout 600 hectares. Un cortège incessant de camions y transporte des tonnes de terre récupérées de la construction du métro. Bref, la ville entière a depuis trois ans l'allure d'un immense chantier. L'événement promet d'être grandiose, d'autant qu'il marquera aussi, en 1967, le centenaire du Canada.

Comme pour des centaines d'autres étudiants, l'espoir de Simon d'être embauché grandit au fur et à mesure qu'apparaissent les sites avec des édifices aux architectures futuristes, entourés d'aménagements remarquables. Plus de 60 pavillons seront occupés par 62 pays.

Les maquettes, les photos du site et les reportages à la télévision sont impressionnants. Les pavillons sont plus que modernes. Ils sont tous différents et présentent des lignes, des formes et des matériaux que l'on imaginerait dans un monde du futur.

Créer un décor d'avenir, c'est exactement ce qu'ont recherché les architectes. La structure dont on parle le plus est certainement l'immense dôme géodésique conçu par l'architecte et inventeur Buckminster Fuller. Cette sphère d'une hauteur de 20 étages et d'un diamètre de 76 mètres sert de pavillon des États-Unis. On y trouve d'immenses écrans suspendus contrôlés par des ordinateurs. À cette époque, c'est du jamais-vu !

Par ailleurs, le métro se déploie au fur et à mesure que sont inaugurées les stations dans la ville. Mais, plus spectaculaire encore, la ligne jaune reliant sous le fleuve Montréal à Longueuil comprendra un arrêt à l'île Sainte-Hélène. Elle sera prête à temps pour l'Expo, en avril 1967.

Enfin, les nouvelles sont bonnes ! Simon est engagé comme guide à l'information aux visiteurs. Il ne pouvait souhaiter mieux.

— Votre uniforme devra toujours être impeccable, votre sourire affable, et votre anglais soigné.

— Quand vais-je commencer ?

— Dès l'ouverture, le 28 avril. Vous devrez cependant vous présenter deux semaines plus tôt pour recevoir la formation nécessaire.

Pour un premier emploi, c'en est un mémorable ! Simon est choyé. Chaque jour, des touristes venus de pays qui lui sont parfois inconnus viennent lui poser des questions de toutes sortes : quel est le chemin le plus court vers un pavillon ? Où se trouve l'embarcadère du monorail le plus proche ? Où est le site des feux d'artifice ? Et ainsi de suite. Pour le plaisir de les entendre, il s'informe de leur séjour et des attractions qu'ils préfèrent.

Des visiteurs, l'Expo en accueillera beaucoup plus que prévu. Les organisateurs espéraient 26 millions d'entrées sur le site entre le 28 avril et le 27 octobre. Or, plus de 50 millions de billets ont été vendus, et cela, sans compter les 5 millions de laissez-passer accordés aux artistes, aux journalistes et aux dignitaires.

Il faut dire que ce succès est aussi dû à La Ronde, un parc d'attractions comme Montréal n'en a jamais eu. Les manèges y sont spectaculaires : les montagnes russes, la grande roue, le bateau de pirates, et la descente en billots de bois, la *pitoune*, etc. Il y en a pour tous les âges. Des foules considérables s'y rendent tous les jours, car comme le dit la chanson thème de La Ronde, *C'est le plus beau joujou au monde !*

Les retombées financières de l'Expo atteindront près du double de ce qu'en aura coûté l'événement, soit 480 millions de dollars. Des revenus colossaux à l'époque !

Mais de tous les visiteurs de marque à Montréal cet été-là, l'un se fait particulièrement remarquer. Bien sûr, le président de la République française, le général Charles de Gaulle, veut voir l'Expo, mais il a aussi bien d'autres idées en tête.

À la mi-juillet, il quitte la France sur le vaisseau militaire *Colbert*. Il entend remonter le fleuve jusqu'à Québec, et éviter ainsi le protocole qui consiste, pour un chef d'État, à atterrir à Ottawa. Le général n'aime pas le Canada, ou plutôt il reproche à la France d'avoir abandonné les Canadiens français à l'autorité des Anglais. Sur son bateau, il confiera : « Je compte frapper un grand coup. Ça bardera, mais il le faut. C'est la

expo67

dernière occasion de réparer la lâcheté de la France. »

Le dimanche 23 juillet au matin, il débarque à l'Anse-aux-Foulons, devant Québec. Dès le lendemain, à bord d'une limousine, il emprunte la plus vieille route qui mène à Montréal, le Chemin du Roy.

Le lendemain, dès qu'il a terminé son travail, Simon se rend devant l'hôtel de ville, où 15 000 personnes sont déjà attroupées. Toutes sont venues accueillir et entendre le général. Il est 19 h 30. Ses paroles surprennent et visent d'abord à préserver l'identité française du Québec.

« C'est une immense émotion qui remplit mon cœur en voyant devant moi la ville de Montréal, française... Voilà ce que je suis venu vous dire ce soir. La France voit, sait et entend ce qui se passe ici, et je puis vous dire qu'elle en vaudra mieux... Vive Montréal. Vive le Québec. Vive le Québec libre ! Vive le Canada français et vive la France ! »

Ce discours provoque une véritable détonation, tant auprès de ceux qui tiennent au Canada que de ceux qui veulent voir le Québec indépendant, séparé du reste du pays. D'ailleurs, quatre mois plus tard, le Mouvement Souveraineté-Association est créé à Montréal par René Lévesque. Ce mouvement milite en faveur de la séparation du Québec, qui ne deviendrait alors qu'un simple partenaire économique du reste du Canada.

Mais le général de Gaulle ne s'arrête pas là. Peu après son discours, il refuse de souligner dans un message public le centenaire du Canada, comme le font la plupart des chefs d'État. Le gouvernement d'Ottawa considère ce geste comme un affront.

Ce discours au balcon de l'hôtel de ville va, d'une certaine façon, donner le signal de départ à la plus grande crise politique que connaîtra notre pays. Le débat sur l'indépendance du Québec va s'étendre dans toutes les familles, allant jusqu'à en diviser certaines. Simon, qui votera bientôt, reste indécis, car ceux qu'il aime ont parfois choisi des camps différents.

12

LA CRISE D'OCTOBRE

La scène lui paraît irréelle. En ce beau matin frisquet d'octobre 1970, et comme à son habitude, Simon a quitté à pied son domicile en direction de son collège, à Outremont. Or, empruntant sur son parcours le chemin de la Côte-Sainte-Catherine, il est stupéfait de ce qu'il voit. Des militaires, fusil à l'épaule, patrouillent le quartier ou montent la garde devant certaines demeures cossues.

Boulevard Dollard, au collège Stanislas, les élèves qui arrivent par petits groupes ne cessent de parler entre eux de ce qu'ils ont vu. Simon se lance aussi dans tout ce bavardage.

— Hé, j'ai vu deux soldats qui montaient la garde devant la maison de Mayrand, qui est en classe de philo. Son père est juge.

— Moi, c'est en sortant du métro. Une patrouille est passée en Jeep. On dirait qu'on tourne un film…

— Il y a peut-être des tanks… ailleurs en ville.

Bien que la présence de l'armée soit renversante, il faut dire que depuis plusieurs jours, le climat est partout tendu. Les parents de Simon, ses voisins et même ses professeurs entre eux ne parlent que de leurs craintes par rapport aux événements récents. Le 5 octobre, le consul britannique James Richard Cross a été enlevé à son domicile de Westmount. Les ravisseurs exigent en échange 500 000 dollars en or, la publication de leur manifeste, la libération de 23 prisonniers et un avion pour partir en Algérie.

Le 10 octobre, le vice-premier ministre du Québec, Pierre Laporte, est enlevé à son tour. Dès lors, syntonisée sur CKAC, CJMS ou CKVL, la radio joue en continu à la maison, et le soir, tout le monde s'assoit en silence devant le *Téléjournal*. Il semble que Montréal tout entier vive dans l'anxiété d'une chasse à l'homme qui fait les manchettes de tous les bulletins de nouvelles.

Dans un manifeste, les ravisseurs déclarent être membres du Front de Libération du Québec, un mouvement révolutionnaire fondé en 1963. Ils disent former deux cellules d'action : la cellule Chénier, du nom d'un rebelle de 1837, et la cellule Libération. Leur manifeste sera lu dans un bulletin spécial diffusé sur les ondes à heure de grande écoute. C'est la seule exigence des révolutionnaires qu'acceptent les autorités. Son contenu n'est que menaces et accusations :

« Le Front de Libération du Québec n'est pas le Messie, ni un Robin des bois des temps modernes… [Il] veut l'indépendance totale des Québécois, réunis dans une société libre, et purgée à jamais de sa clique de requins voraces, les big boss patronneux et leurs valets… »

Aux yeux des révolutionnaires, les *requins voraces* sont d'abord les anglophones, qui représentent toujours la classe sociale dominante composée de patrons, de banquiers et de politiciens fédéraux, mais ce sont aussi les grands chefs d'entreprise et financiers francophones.

L'escalade se poursuit et les événements ne cessent de s'aggraver. Les autorités refusent toujours de négocier avec les ravisseurs.

Pour l'instant, il règne sur la ville un climat d'angoisse. La Loi sur les mesures de guerre, adoptée par le Parlement fédéral, impose l'armée dans les rues. Mais elle donne aussi à la police tous les pouvoirs pour rechercher et arrêter des personnes sans justification. Celle-ci peut même les retenir en prison pendant 90 jours, sans raison.

Sept jours plus tard, la nouvelle tombe. C'est le drame ! Le 17 octobre, Pierre Laporte est retrouvé mort dans le coffre arrière de l'automobile qui avait servi à son enlèvement. La presse déclare qu'il aurait été exécuté peu après 18 heures par la cellule Chénier. Les Montréalais sont bouleversés !

Les recherches s'intensifient afin de retrouver James Richard Cross sain et sauf.

La présence des soldats se fait aussi plus pesante à travers la ville. Plus de 7500 sont déployés jour et nuit devant les édifices stratégiques et gouvernementaux, les bureaux et les résidences de personnages importants.

Jusque-là, Simon connaissait le FLQ pour ses actes terroristes. Depuis sept ans, ses actions semaient la crainte lors des sorties en ville : bombes dans les boîtes aux lettres et les manèges militaires, vols à main armée, explosions à l'Université McGill et à la Bourse de Montréal. Mais, cette fois, les événements sont d'une gravité dont il est difficile pour un adolescent comme lui de mesurer toutes les conséquences.

Dans le quartier de Simon, certaines maisons ont été fouillées. La scène est toujours impressionnante : plusieurs voitures de police arrivent à l'improviste, et des agents en uniforme et en civil se présentent à un domicile. La fouille, qui peut être longue, se termine parfois par des saisies de documents et même des arrestations devant tout le voisinage. En quelques semaines, près de 10 000 résidences à travers Montréal seront ainsi ciblées.

Six longues semaines s'écoulent avant qu'enfin, le 3 décembre, on retrouve Cross. Un négociateur de la police obtient sa libération en échange de la promesse de laisser les cinq ravisseurs s'enfuir à Cuba. Quant aux membres de la cellule Chénier, Simon Rose et Francis Simard sont condamnés à la prison à perpétuité pour le meurtre de Pierre Laporte, et Bernard Lortie ainsi que Jacques Rose sont condamnés pour complicité.

Au grand soulagement de tous, le FLQ cesse ses activités en 1971. Malheureusement, la voie du terrorisme est désormais tracée. Ailleurs dans le monde, des actions violentes de même nature vont survenir. Ainsi, moins d'un an après la disparition du FLQ au Québec, des Palestiniens s'infiltrent dans le Village olympique de Munich. Ils y assassinent 11 athlètes israéliens.

Devant son téléviseur, Simon est choqué par les images qui proviennent de Munich. Une inquiétude s'empare de lui alors qu'il réalise que les prochains Jeux olympiques d'été se tiendront peut-être chez lui, à Montréal.

13

DES ANNEAUX À TOUT PRIX !

Que Montréal obtienne la tenue des prochains Jeux olympiques d'été, voilà pour Simon un cadeau du ciel ! Son père, Robert, qui est opérateur de machinerie lourde et grutier, s'apprête à repartir pour de longs mois sur les chantiers de grandes centrales hydro-électriques de la Baie-James. C'est un projet gigantesque comprenant la construction de barrages et le détournement de trois rivières.

Or, à la suite de cette nouvelle, Robert annonce à son fils qu'il considère maintenant de rester auprès de sa famille et de gagner sa vie en participant à la construction du Stade olympique.

Le projet promet d'être gigantesque et le calendrier des travaux, impossible ! Les Jeux débuteront dans six ans, le 17 juillet 1976, et d'ici là, il faudra concevoir et construire un stade, des piscines, un vélodrome, des bassins d'aviron et de kayak, et un village des athlètes. Tout cela sans compter les améliorations qui doivent être apportées aux équipements existants.

Le 28 avril 1973, les travaux débutent en face du Jardin botanique, au sud de la rue Sherbrooke. Le choix du site surprend tout le monde, car si loin, à l'est de l'avenue De Lorimier, il y a peu d'activité urbaine.

— Regarde, dit Robert à son fils, ce site est immense. Il nous faudra creuser l'équivalent de plusieurs étages. Des millions de mètres cubes d'argile et de pierre !

— Papa, est-ce que ce sera le plus grand chantier au monde ?

— Sûrement le plus grand chantier urbain au monde !

Sans le savoir, Simon voit juste. Mais il ne réalise pas que plus grand sera ce chantier, plus grands aussi seront les risques de confusion. Au cours des prochains mois, de nombreux pépins s'accumuleront, ainsi que les retards.

Par exemple, en août 1974, alors que les premiers piliers de béton, coulés sur place, sortent à peine du sol, des milliers d'ouvriers de tous métiers s'empêtrent dans leurs tâches. On compte plus de 300 grues, louées à prix d'or, tellement rapprochées les unes des autres que certaines ne peuvent être utilisées par peur d'un accident.

Et puis, le soir du 25 mai 1975, Robert rentre à la maison inquiet et contrarié. Poussés par leurs syndicats, les ouvriers ont été forcés de faire la grève pour une période indéterminée. Les travaux ne reprendront que cinq longs mois plus tard. Les retards au stade et aux piscines font craindre pour la tenue des Jeux ! Tous les Montréalais sont inquiets. Il en va de la fierté de leur ville face au monde entier.

Devant cette menace, le maire de Montréal, Jean Drapeau, se tourne vers le gouvernement du

Québec pour obtenir de l'aide. Par peur d'un échec, le gouvernement accepte de prendre les choses en main. En peu de temps, l'ordre revient au chantier et les travaux s'accélèrent. Mais les structures complexes du stade entraînent aussi des problèmes financiers. Tous les coûts ont augmenté. L'acier, par exemple, indispensable aux armatures du béton, est passé de 200 à 1200$ la tonne ! Et c'est la même chose pour tous les matériaux. Au bout du compte, le stade à lui seul coûtera 1 milliard de dollars, soit trois fois plus que prévu.

Le dépassement des coûts des installations olympiques va peser lourd sur les finances du Québec durant des décennies. Le déficit s'élève à 927 millions de dollars, et pour l'éponger, le gouvernement décide d'imposer une taxe spéciale sur le tabac. Ce n'est que 30 ans plus tard, en octobre 2006, que la dette sera officiellement remboursée.

Trois mois seulement avant les cérémonies d'ouverture des Jeux, on pose le gazon et la piste d'athlétisme au centre du stade. Les quelque

60 000 sièges y sont installés. Tout est prêt ! Seule la tour inclinée, le mât du stade, ne l'est pas. C'est sans importance puisqu'il est de toute façon interdit qu'un stade ait un toit aux Jeux olympiques. Même avec sa tour incomplète, l'édifice en béton est tout simplement grandiose. Il sera même d'un format jugé colossal par les fans des Alouettes, qui y disputeront un premier match de football dès septembre 1976, et tout autant par ceux des Expos qui, dès 1977, y joueront leurs matchs de baseball.

À 15 heures, le 17 juillet 1976, le stade déborde de spectateurs ! Ils sont plus de 70 000 venus assister à la cérémonie d'ouverture des Jeux. Simon et son père occupent des sièges à mi-hauteur des gradins, au centre, de telle sorte qu'ils ne manqueront rien des événements.

Il y a d'abord les avions Snowbirds qui survolent le site, puis l'arrivée de la reine Elizabeth II, qui proclamera l'ouverture officielle. Simon est emporté d'admiration lorsque débute l'entrée des athlètes. Pendant près d'une heure et demie, ils sont 6000 à défiler, représentant 92 pays. Le sommet de ce spectacle est l'arrivée des deux derniers porteurs de la flamme. Sandra Henderson et Stéphane Préfontaine représentent les visages anglophone et francophone du Canada. Quelques instants plus tard, les Jeux olympiques sont ouverts, l'hymne olympique retentit alors que des milliers de pigeons s'envolent au-dessus des spectateurs.

Simon réalise soudain que le monde entier regarde Montréal. Il est fier que son père ait contribué pendant trois ans à cette réussite.

Les Jeux de Montréal sont marquants. Des records sont surpassés, plusieurs athlètes de disciplines différentes montent plus d'une fois sur le podium. Mais surtout, il y a Nadia Comaneci. La gymnaste roumaine, âgée comme Simon de 14 ans, réalise à 7 reprises l'exploit d'obtenir la note parfaite de 10. Elle remporte cinq médailles, dont trois d'or. Dans le cœur de tous, elle est la reine des Jeux, et dans les années suivantes, bien des filles ont reçu à leur naissance le prénom de Nadia.

En marge des records sportifs surpassés, les Jeux de Montréal ont aussi atteint de nouveaux sommets en ce qui concerne les mesures de sécurité. Le monde entier avait été traumatisé par les attentats terroristes aux Jeux de Munich en 1972. Il a donc fallu pour la première fois se préoccuper grandement de sécurité. Plus de 16 000 policiers et soldats sont présents sur les sites de compétition ainsi qu'au village des athlètes, afin de prévenir tout danger.

Des conflits politiques entre plusieurs pays viennent aussi ternir le climat d'harmonie auquel on s'attend des Jeux olympiques. Les athlètes de 22 pays africains sont rappelés chez eux par leurs gouvernements. Ils ont exigé que la Nouvelle-Zélande soit exclue des Jeux de Montréal parce qu'une équipe de rugby s'est rendue en Afrique du Sud pour y disputer des matchs. Or, l'Afrique du Sud est déjà exclue des Jeux pour ses pratiques d'apartheid, c'est-à-dire ses mesures racistes à l'égard des populations noires.

D'autre part, les athlètes de Taïwan partent à leur tour puisqu'on leur refuse de concourir sous un autre drapeau que celui de la République populaire de Chine.

Pendant les 15 jours suivants, dès qu'il en a la chance, Simon suit toutes les compétitions à la télévision. Il préfère l'athlétisme pour ses nombreuses disciplines : les épreuves de saut, de lancer du disque, du poids et du javelot, mais surtout la course. En voyant le Finlandais Lasse Viren dominer dans les épreuves de fond, il souhaite devenir lui aussi un grand coureur.

14

UN MONTRÉAL AUX MILLE VISAGES

En classe, dans les sports et dans son voisinage, Simon sait se faire des amis. Il se montre toujours aimable et curieux à l'endroit des autres. Nombre de ses camarades sont venus d'ailleurs pour vivre à Montréal, ou alors s'ils y sont nés, leurs parents sont d'origines et de cultures différentes.

Ainsi, depuis qu'il fréquente l'école, Simon grandit comme un *citoyen du monde,* sans préjugés, quelles que soient la couleur de peau ou la langue usuelle de ses amis. En fait, il se montre taquin et rit de bon cœur avec eux. *Ni hao ! Konnichiwa ! Priviet ! Chokran !* Autant de prétextes pour jouer avec les mots, apprendre des bouts de phrase, improviser des blagues en chinois, en japonais, en russe ou en jordanien.

— Omar, Omar, répète après moi : *Ton thé t'a-t-il ôté ta toux ?*

— Hey, Tommy, as-tu vu le dernier manga ? Le héros te ressemble tellement, je serais inquiet à ta place ! *Gomen, Tommy-chan.*

Rien d'étonnant à tout cela. Montréal s'est transformée avec le temps. Le boulevard Saint-Laurent n'est plus la frontière qui séparait les francophones, établis dans l'Est, des anglophones, regroupés dans l'Ouest. Depuis 50 ans, des vagues d'immigrants d'horizons lointains ont atteint tous les coins de la ville.

En 2017, Montréal est l'une des deux grandes villes cosmopolites au Canada. Bien qu'étant la troisième plus grande cité francophone au monde, le quart de sa population parle une langue étrangère à la maison. Espagnol, italien, chinois, créole, portugais, roumain, vietnamien, russe et arabe sont les plus répandus. Enfin, depuis peu, le nombre de pratiquants dans les mosquées musulmanes dépasse celui des catholiques dans les églises.

Les quartiers de la ville reflètent les communautés souvent très différentes qui s'y côtoient. Outremont, Parc-Extension, le Quartier chinois, la Petite-Italie, Simon aime marcher dans ces coins aux sons et aux ambiances si variés.

Simon est aussi une bonne fourchette. Rien ne lui plaît davantage que de partager un repas chez ses amis. C'est chaque fois une découverte, des plats et des saveurs qu'il ne connaît pas. Voilà donc qu'en se visitant les uns et les autres, ils font ensemble un tour du monde dans leurs assiettes.

Liang est arrivé de Shanghai à temps pour le début de l'année scolaire. Simon et lui sont vite devenus des amis, de telle sorte que le jeune Chinois a fait des progrès rapides dans l'apprentissage du français. Sa détermination incite aussi Simon à donner le meilleur de lui-même à l'école secondaire. Ils travaillent donc souvent en équipe pour leurs travaux.

— Dis-moi, Liang, pourquoi ta famille a-t-elle choisi Montréal, si loin de la Chine ? Tu as dû laisser beaucoup d'amis derrière toi.

— Je m'en ferai de nouveaux, comme toi. Mon père était déjà venu ici pour ses affaires. Il a aimé la ville, son accueil. Il tient aussi à ce que ma sœur et moi parlions le français et l'anglais. Et puis, n'oublie pas que nos villes sont jumelles depuis longtemps.

— Comment ça, jumelles ?

C'est la première fois que Simon entend parler de *villes jumelles*. Aussitôt de retour chez lui, il plonge dans Internet. Ainsi, il apprend qu'en 1985, les maires Jean Drapeau et Wang Daohan ont tissé pour leurs villes des liens d'amitié et de coopération.

Les échanges Montréal-Shanghai ont d'abord mené les villes à travailler ensemble dans le domaine de l'aménagement des parcs et de l'horticulture. Ils ont permis la création du jardin du Lac de rêve, un jardin traditionnel chinois aménagé au cœur du Jardin botanique sur la rue Sherbrooke, en face du Parc olympique.

Depuis ce temps, dans ce parc que l'on appelle désormais Espace pour la vie, les Montréalais vont chaque année admirer La Magie des lanternes, des centaines d'entre elles, dessinées et peintes à la main selon la tradition chinoise. C'est un spectacle féerique, tout en lumière sur le petit lac.

Les deux villes ont par la suite élargi leurs relations à d'autres domaines comme le développement économique, la culture et l'environnement. Elles encouragent également l'enseignement des langues étrangères, l'échange d'étudiants et d'experts entre les institutions d'enseignement. Simon en conclut qu'il n'est donc pas étonnant que de plus en plus de jeunes Chinois fréquentent son collège.

Si Shanghai et Montréal entretiennent depuis 30 ans un jumelage heureux, un partage d'informations et de savoir-faire, la métropole a aussi signé des ententes de collaboration avec plus d'une vingtaine de villes d'Afrique, d'Asie, d'Europe et d'Amérique. Grâce à tous ces liens, Montréal rayonne dans le monde et séduit par ses nombreux attraits.

À 14 ans, Simon est parfois étonné des discussions qu'il surprend entre adultes sur l'avenir de sa ville. Il les entend parler du français qu'il faut protéger, d'immigration, de signes religieux, de pauvreté et d'exode vers les banlieues. Tout cela lui paraît bien compliqué, mais il se doute bien qu'un jour il lui faudra à son tour en parler.

Pour l'instant, il est heureux d'habiter la *plus belle ville au monde*, et surtout, de la faire découvrir à ses nouveaux amis, venus de si loin pour y vivre.

ÉPILOGUE

ALLER SIMPLE POUR LE FUTUR

2017, Simon a 14 ans et commence son secondaire IV. C'est l'année des premiers choix. Simon hésite encore entre la finance et la science, et pour se garder toutes les options, il s'inscrit à des programmes enrichis. Il sait déjà que le moment venu, la concurrence viendra de partout, qu'il ne travaillera sans doute pas dans un seul domaine ni pour un seul employeur, qu'il consacrera toujours plus de son temps en ligne avec des interlocuteurs à l'autre bout du monde.

De Singapour à New York, de Francfort à Dubaï, les jeunes, plus mobiles, sont davantage attirés par les grandes villes que par les pays où elles se trouvent. Celles-ci font sans cesse la promotion de leurs atouts pour séduire les meilleurs candidats qui viendront de Chine, de l'Inde, des continents africain et européen. Cet apport à la population fera qu'un jour, les Montréalais d'adoption dépasseront en nombre les Montréalais de naissance.

Lorsqu'il pense à l'avenir, Simon compare le progrès à un vaisseau spatial qui file à grande vitesse dans le cosmos. Certaines découvertes sont proches et d'autres éloignées. Pour que l'imaginable devienne concevable, que des avancées s'accomplissent, il faut savoir observer ce qui nous entoure et nous projeter ensuite dans le réel de demain. Ainsi, que sera donc Montréal dans 25 ans, à son 400e anniversaire? Et comment sera sa vie à lui?

Projetons-nous donc dans le futur de Simon.

2042, Simon a 39 ans. Après des études en génie à l'École Polytechnique, puis en biologie à l'Université de Montréal, Simon est devenu un expert reconnu de la biodiversité du Saint-Laurent. Il conçoit notamment des équipements d'exploration qui permettent de traquer des espèces venues de mers lointaines, nocives à la faune et à la flore du fleuve. Sans lui et son équipe, des poissons, des algues et des mollusques indésirables se seraient multipliés, détruisant l'équilibre marin jusque devant Montréal.

La ville entière offre un *modèle vert*. L'accès aux berges du Saint-Laurent offre plusieurs plages, des belvédères, des sentiers de randonnée. L'électrification des transports publics a réduit les gaz à effets de serre, et les jours de smog se font plus rares. Le vélo est répandu, au point que les pistes cyclables tissent une toile à travers l'île.

La vie en ville a ainsi bien changé. Dans les rues du centre, on compte autant de tours d'habitation que d'édifices à bureaux. Le centre-ville est devenu un vrai quartier dont les rues ne sont plus désertées le soir et les week-ends. Des voies piétonnières desservies par des tramways y ont ranimé les commerces tout en chassant l'automobile. Quant au trafic lourd, il ne lui est permis de circuler qu'à des heures précises.

Toujours au centre-ville, la poste et les services de messagerie ont de plus en plus recours aux drones pour la distribution du courrier et des petits colis.

Avant de pénétrer dans un édifice à bureaux, un complexe gouvernemental, chacun peut consulter sur son téléphone intelligent le répertoire d'un service, l'étage, et même le nom des préposés. Même chose dans les grands hôpitaux, où l'on peut se présenter avec son dossier médical complet et numérisé. En fait, le wifi est maintenant offert partout à Montréal.

Ailleurs, dans le port, l'ancien silo n° 5, longtemps abandonné, a désormais une tout autre vocation. Cette immense structure en béton est maintenant un centre ultra-sécuritaire où sont stockés les hyper-serveurs des grandes organisations montréalaises et nationales.

D'autre part, Simon est très fier de Geneviève, sa sœur cadette. Comme lui, elle s'est engagée dans la *vocation verte* de Montréal. Aussitôt terminées des études poussées en agronomie, elle s'est jointe à un projet unique au monde. Entre les ponts Victoria et Champlain, des hectares de terrains vacants pollués par des industries du passé ont été depuis nettoyés et convertis en sites de recherche.

Avec l'appui de la FAO (l'Organisation des Nations Unies pour l'alimentation et l'agriculture), Montréal a aménagé un laboratoire d'agriculture urbaine. À partir de serres et d'installations agricoles à la fine pointe, les chercheurs tentent de contribuer à une bonne alimentation dans les villes. Car c'est dans les villes que vivra un jour 70 % de la population mondiale.

Les expériences auxquelles se livre Geneviève permettent déjà un cycle plus court des récoltes, soit 60 jours après la plantation. Une superficie de 10 000 mètres peut fournir assez de produits frais pour nourrir les familles les plus démunies de Montréal.

La ville est un modèle pour toutes les autres du monde entier. Des experts viennent de partout pour améliorer leurs connaissances et y trouver des solutions.

Simon est plus que jamais fier d'être montréalais.

CHRONOLOGIE

1642	***Paul de Chomedey, sieur de Maisonneuve et Jeanne Mance fondent Ville-Marie. L'année suivante, Maisonneuve plante une croix sur le mont Royal.***
1645	***Jeanne Mance, première femme européenne arrivée à Montréal, inaugure un hôpital, l'Hôtel-Dieu.***
1665	Pour combattre les Iroquois, le roi Louis XIV envoie en Nouvelle-France les 1300 soldats du régiment de Carignan-Salières.
1701	Un traité appelé « La Grande Paix » intervient entre le gouverneur de la Nouvelle-France, le sieur de Callière, et les chefs de 39 nations amérindiennes. Le commerce et les expéditions reprennent sans risque.
1759	Bataille décisive de la guerre de Sept Ans sur les plaines d'Abraham à Québec. Les troupes françaises menées par le marquis de Montcalm sont défaites par le général James Wolfe. Le 18 septembre, Québec capitule. Montréal suivra bientôt.
1825	***Aménagement du canal Lachine.***
1833	Quatre ans après le début des cours, l'Université McGill remet son premier diplôme. Il s'agit du premier doctorat en médecine décerné au Canada.
1836	Le Canada inaugure son premier chemin de fer. La Champlain and Saint-Lawrence Railroad relie les villes de La Prairie et de Saint-Jean-sur-Richelieu.
1839	***Douze Patriotes de la Rébellion sont pendus en public devant la prison de Montréal, au Pied-du-Courant. Un monument à leur mémoire se trouve aujourd'hui à l'angle des rues De Lorimier et Notre-Dame.***

1840	Signature de l'Acte d'Union, selon lequel le Bas-Canada (le Québec) et le Haut-Canada (l'Ontario) forment désormais la province du Canada-Uni.
1849	Le parlement du Canada-Uni est incendié.
1856	***La Compagnie de chemin de fer du Grand Tronc du Canada complète son premier tronçon, reliant Montréal à Toronto.***
1860	***Le pont Victoria, premier lien permanent entre Montréal et la terre ferme, est inauguré par le prince de Galles.***
1867	À titre d'ancienne colonie, le Canada est le premier pays à devenir un Dominion, c'est-à-dire un pays indépendant, membre de l'Empire britannique. C'est la naissance du Commonwealth.
1873	***Fondation de l'École Polytechnique de Montréal, qui se consacre d'abord à la formation des premières générations d'ingénieurs canadiens-français.***
1874	***La Bourse de commerce de Montréal (Montreal Stock Exchange) ouvre ses portes. C'est le premier établissement du genre au Canada.***
1875	Début de la construction par le Canadien Pacifique d'un chemin de fer transcontinental unifiant le pays d'un océan à l'autre.
1903	Une loi québécoise fait passer de 12 à 13 ans l'âge minimum pour le travail des garçons dans les fabriques et les usines, mais conserve le seuil de 14 ans pour les filles.
1907	***Irma Levasseur, première femme médecin canadienne-française, et Justine Lacoste-Beaubien ouvrent le premier hôpital pour enfants de Montréal. On y compte 12 lits.***
1909	***L'équipe de hockey des Canadiens de Montréal est créée.***

1914-1918 Première Guerre mondiale.

1929 Crise à la Bourse de New York. L'effondrement des valeurs boursières, le krach du Jeudi noir, va plonger le monde en récession et en crise économique.

1930 ***Un dirigeable anglais traverse l'Atlantique et se rend à Montréal. Il s'arrime à un mât d'amarrage installé à Saint-Hubert.***

1935 ***Le docteur Norman Bethune organise le Montreal Group for the Security of the People's Health. Formé de médecins, d'infirmières et de travailleurs sociaux, l'équipe examinera les systèmes de santé des autres pays pour proposer des réformes chez nous.***

1939-1945 Deuxième Guerre mondiale.

1954 ***Jean Drapeau est élu pour une première fois à la mairie de Montréal. Il reviendra en 1960, et restera en poste jusqu'en 1986. Il aura été maire pendant 30 ans, un record à l'hôtel de ville.***

1955 ***Émeute des partisans des Canadiens lors de la suspension de Maurice Richard.***

1959 ***Ouverture de la Voie maritime du Saint-Laurent, qui permet désormais aux cargos d'atteindre les Grands Lacs à partir de l'Atlantique, en passant par le port de Montréal.***

1962 ***Début des travaux des deux premières lignes du métro sous la supervision de Lucien L'Allier, qu'on surnommera « le père du métro ». Le métro sera inauguré le 14 octobre 1966.***

1967 ***Montréal accueille des millions de visiteurs à son Exposition universelle.***

1968 ***À l'Institut de cardiologie de Montréal, on pratique la première greffe cardiaque au Canada.***

1968	*Montréal obtient la première franchise de baseball majeur hors des États-Unis.*
1969	*Le 14 avril, les Expos inaugurent leur saison locale au parc Jarry, dans un match contre les Cardinals de Saint-Louis.*
1976	*Tenue des Jeux d'été de la XXIe olympiade.*
1984	*Visite du pape Jean-Paul II, qui se rend notamment à la cathédrale Marie-Reine-du-Monde et à l'oratoire Saint-Joseph. Il préside également un immense rassemblement de jeunes au Stade olympique.*
1993	*L'Impact de Montréal dispute son tout premier match devant plus de 5000 spectateurs.*
1996	*Le 16 mars, inauguration du Centre Molson et premier match des Canadiens.*
2012	*La plus longue grève étudiante générale au Québec. Les étudiants opposés à l'augmentation des droits de scolarité universitaires manifestent dans les rues de Montréal pendant sept mois. Une portion importante de la population se joint à leur mouvement.*
2015	*Montréal est la ville francophone la plus peuplée d'Amérique du Nord. Son agglomération compte 1 999 795 habitants, dont environ 50 % sont de langue française (Statistique Canada).*
2016	*Montréal est nommée « Métropole du Québec » par l'Assemblée nationale. La Ville obtient ainsi une plus grande autonomie et de nouveaux pouvoirs.*
2017	*Montréal fête son 375e anniversaire.*

LES MAIRES DE MONTRÉAL

NOM	PÉRIODE
Jacques Viger	1833-1840
Peter McGill	1840-1842
Joseph Bourret	1842-1844
James Ferrier	1844-1846
John Easton Mills	1846-1847
Joseph Bourret	1847-1850
Édouard-Raymond Fabre	1850-1851
Charles Wilson	1851-1854
Wolfred Nelson	1854-1856
Henry Starnes	1856-1858
Charles-Séraphin Rodier	1858-1862
Jean-Louis Beaudry	1862-1866
Henry Starnes	1866-1868
William Workman	1868-1871
Charles-Joseph Coursol	1871-1873
Francis Cassidy	1873
Aldis Bernard	1873-1875
William H. Hingston	1875-1877
Jean-Louis Beaudry	1877-1879
Sévère Rivard	1879-1881
Jean-Louis Beaudry	1881-1885
Honoré Beaugrand	1885-1887
John Joseph Caldwell Abbott	1887-1889
Jacques Grenier	1889-1891
James McShane	1891-1893
Alphonse Desjardins	1893-1894
Joseph-Octave Villeneuve	1894-1896
Richard Wilson-Smith	1896-1898

NOM	PÉRIODE
Raymond Préfontaine	1898-1902
James Cochrane	1902-1904
Hormidas Laporte	1904-1906
Henry Archer Ekers	1906-1908
Louis Payette	1908-1910
James John Edmund Guerin	1910-1912
Louis-Arsène Lavallée	1912-1914
Médéric Martin	1914-1924
Charles Duquette	1924-1926
Médéric Martin	1926-1928
Camillien Houde	1928-1932
Fernand Rinfret	1932-1934
Camillien Houde	1934-1936
Adhémar Raynault	1936-1938
Camillien Houde	1938-1940
Adhémar Raynault	1940-1944
Camillien Houde	1944-1954
Jean Drapeau	1954-1957
Sarto Fournier	1957-1960
Jean Drapeau	1960-1986
Jean Doré	1986-1994
Pierre Bourque	1994-2001
Gérald Tremblay	2001-2012
Michael Applebaum	2012-2013
Laurent Blanchard (intérim)	2013
Denis Coderre	2013-

BIBLIOGRAPHIE

GILMORE, John. *Une histoire du jazz à Montréal,* Montréal, Lux Éditeur, 2009.

HACKETT FISHER, David. *Le rêve de Champlain : Samuel de Champlain, l'humaniste*, Montréal, Éditions Boréal, 2011.

LITALIEN, Raymonde, VAUGEOIS, Denis. *Champlain : la naissance de l'Amérique française,* Québec, Éditions du Septentrion.

NORMAN, Léandre, BRUNEAU, Pierre. *La Glorieuse histoire des Canadiens,* Montréal, Éditions de L'Homme, 2009.

PASQUET, Jacques. *George-Étienne Cartier, père de la Confédération*, Montréal, Éditions Isatis, 2015.

SCHENWEN, Li. *Bethune, Henry Norman,* Dictionnaire biographique du Canada, Université Laval/University of Toronto.

THOMPSON, Dale. C. *De Gaulle et le Québec,* Montréal, Trécarré, 1990.

VILLE de MONTRÉAL. *Vers une nouvelle politique québécoise en matière d'immigration, de diversité et d'inclusion,* février 2015.

LES COLLABORATEURS

François Perreault est né et a grandi à Montréal, au 5303 rue De Lorimier, dans un quartier essentiellement francophone de travailleurs petits salariés. Ce quartier était traversé par les tramways qui menaient tout en bas, jusque sous le pont Jacques-Cartier. Après l'école, les enfants jouaient ensemble dehors sur les trottoirs ou dans la ruelle. Au fil des ans, toujours à Montréal, il est devenu journaliste, à l'écrit puis à la radio et à la télévision. Il a couvert les actualités politiques, économiques et sociales de Montréal. Dans ce rôle, il a été témoin des événements et des progrès qui ont marqué la métropole. Il continue de s'intéresser à ce que sa ville devient aujourd'hui.

Josée Tellier a toujours été passionnée par l'illustration, depuis la maternelle ! Très tôt, elle savait qu'elle gagnerait sa vie dans ce domaine. Avec son rêve en tête, elle se pratiquait à dessiner tous les jours, ce qui lui vaudra plusieurs prix dans divers concours régionaux. Cet intérêt prononcé pour les arts l'amènera à poursuivre ses études en graphisme. Des projets variés s'ajouteront à son portfolio au fil des années, dont des collections de mode pour les jeunes, des expositions et plusieurs couvertures de romans jeunesse, dont celles de la populaire série *Le journal d'Aurélie Laflamme*, d'India Desjardins.

TABLE DES MATIÈRES